AF453494

UNE PAGE

D'HISTOIRE RELIGIEUSE

PENDANT LA RÉVOLUTION

LA MÈRE DE BELLOY

EN 1807

D'après un portrait de DÉSORIA, appartenant à l'auteur.

RENÉ DE CHAUVIGNY

UNE PAGE
D'HISTOIRE RELIGIEUSE
PENDANT LA RÉVOLUTION

LA MÈRE DE BELLOY
ET LA VISITATION DE ROUEN
(1746-1807)

AVEC UNE INTRODUCTION
PAR SON ÉMINENCE LE CARDINAL PERRAUD
Évêque d'Autun — de l'Académie française

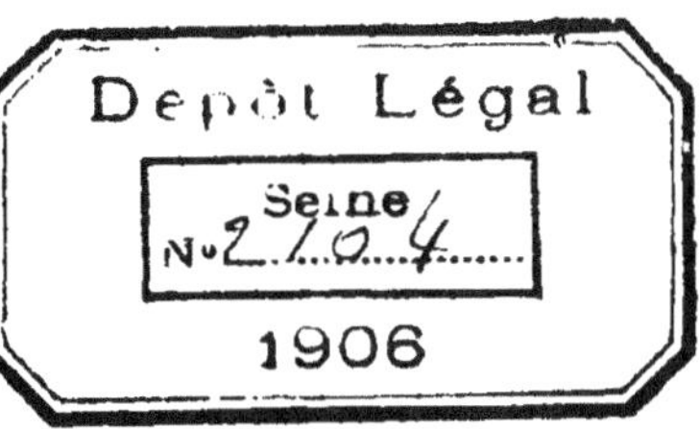

PARIS
LIBRAIRIE PLON
PLON-NOURRIT et Cⁱᵉ, IMPRIMEURS-ÉDITEURS
8, RUE GARANCIÈRE — 6ᵉ

1906
Tous droits réservés

INTRODUCTION

L'examinateur auquel j'avais confié le soin de lire en manuscrit la vie de la mère de Belloy, supérieure du premier monastère de la Visitation de Rouen, m'a fait de ce travail un rapport très favorable, que je suis heureux de pouvoir sanctionner avant que l'auteur ne le livre à l'impression.

J'ai d'ailleurs voulu me rendre compte par moi-même d'un ouvrage où, dans le cadre d'une biographie des plus édifiantes, se trouvent renfermés de très instructifs et saisissants détails sur la persécution religieuse qui sévit en France pendant les dernières années du dix-huitième siècle.

A l'aide des documents les plus authentiques, empruntés, les uns aux autorités ecclésiastiques et religieuses, les autres aux pouvoirs d'ordre politique et administratif qui appliquèrent à la ville de Rouen les lois, décrets, règlements émanés des Assemblées constituante et législative, de la Convention nationale et du Directoire, M. René de Chauvigny fait assister le lecteur, presque jour par jour, aux scènes de spoliation et de violence dont la Normandie fut le théâtre à partir de l'année 1791.

Le premier monastère de la Visitation de Rouen avait alors pour supérieure une religieuse appartenant à une des grandes familles de France. Fille du marquis de Belloy de Morangle, nièce de Mgr de Belloy, évêque de Marseille avant la Révolution, nommé par le premier consul archevêque de Paris, puis cardinal, la révérende mère Marie-Madeleine-Anastasie, alors âgée de vingt-six ans, avait pris le saint habit le 25 janvier 1772. Elle fut admise à la profession le 3 février de l'année suivante.

Sa haute intelligence, l'excellente éducation qu'elle avait reçue au sein de sa famille; par-dessus tout, sa piété profonde, son humilité, son esprit religieux, la parfaite et constante exactitude avec laquelle étaient observées par elle les constitutions, les règles, les coutumes de la Visitation, l'avaient bientôt désignée à l'attention de la communauté.

D'abord chargée du noviciat, elle avait été élue supérieure du monastère le 22 mai 1787, et réélue en 1790 pour un second triennat. Femme de tête, de cœur, de dévouement, tout à la fois douce et forte, intrépide devant le danger autant que tendre et compatissante pour les faiblesses ou les infirmités physiques et morales du prochain, elle était visiblement prédestinée et préparée par la Providence à remplir les difficiles et douloureux devoirs que les circonstances allaient imposer aux ordres religieux et au clergé séculier.

Le 2 septembre 1790, en vertu d'un décret rendu par l'Assemblée constituante le 13 février précédent, les administrateurs du district de Rouen pénétraient dans le monastère et dressaient l'inventaire de ses biens meubles et immeubles. Puis, faisant comparaître en leur présence toutes les religieuses, ils demandèrent à chacune d'elles si elles voulaient bénéficier de la liberté qui leur était accordée par la loi de renoncer à leurs vœux, de quitter leur habit, de sortir de leur clôture et de rentrer dans le monde.

A la suite de la mère de Belloy, et à l'unanimité, les religieuses exprimèrent dans les termes les plus énergiques leur ferme volonté de demeurer fidèles jusqu'à la mort aux engagements qu'elles avaient contractés.

Rien de plus émouvant que cette scène reconstituée entièrement à l'aide du procès-verbal dressé, séance tenante, par les administrateurs du district. On croit voir, on croit entendre ces vierges consacrées à Dieu se présentant tour à tour dans la salle du chapitre devant les enquêteurs et répondant « ne vouloir profiter de la liberté qui leur est accordée que pour se dévouer plus particulièrement à la vie religieuse qu'elles ont embrassée et dans laquelle elles désirent vivre et mourir (1) ».

Une d'elles, la sœur Marie-Félicité Satis, accentua encore sa déclaration, que d'ailleurs les commissaires ont eu la probité d'insérer intégralement dans leur rapport officiel.

A partir de ce moment, les épreuves et les souffrances ne firent que s'aggraver, en même temps qu'elles mettaient davan-

(1) Ce sont les termes mêmes dont se servit la mère de Belloy.

tage en relief les qualités naturelles de la mère de Belloy et la surnaturelle vertu dont les revêtait sa fidélité invincible à la grâce de sa vocation.

Au commencement de 1791, la constitution civile du clergé fut rendue exécutoire. Sous le titre d' « évêque métropolitain des Côtes de la Manche », un intrus fut préposé à l'administration religieuse de l'ancien archidiocèse de Rouen. Un des premiers soins de ce pseudo-pasteur fut de prêcher aux communautés religieuses la soumission à une loi schismatique. Il la représentait comme une application légitime des principes évangéliques d'obéissance aux pouvoirs établis et de coopération charitable à la paix publique. Ni la mère de Belloy ni aucune de ses filles ne se laissèrent prendre à ce langage doucereux, si bien fait cependant pour jeter le trouble dans les esprits et donner le change sur le véritable caractère d'une loi qui portait l'atteinte la plus directe aux principes fondamentaux de la hiérarchie catholique. Les visitandines du premier monastère ayant refusé péremptoirement d'interdire l'accès de leur chapelle aux fidèles qui venaient avec empressement y entendre la messe de l'aumônier du couvent demeuré fidèle aux serments de son sacerdoce, les portes de la chapelle furent fermées le 17 juin 1791 « à l'aide de deux chaînes de fer placées sur le milieu des deux battants de la porte, l'une en haut, l'autre en bas, à chacune desquelles furent attachés un crampon et deux clous (1) ».

Quinze mois après la fermeture de la chapelle, une nouvelle loi, en date des 10-12 septembre 1792, fut presque immédiatement appliquée aux églises paroissiales et aux chapelles des couvents.

_____

(1) Procès-verbal.

Elle ordonnait de saisir et de verser au directoire de la monnaie le plus voisin non seulement les calices, patènes, ostensoirs, etc., mais les ornements tissus d'or et d'argent fin. Le procès-verbal de l'opération exécutée dans la matinée du 28 septembre donne le détail de tout ce qui fut alors enlevé au monastère de la Visitation.

Peu de jours après, les religieuses étaient sommées de quitter leur maison mise sous les scellés; et, vêtues d'habits séculiers, elles se retirèrent isolément ou par petits groupes, les unes dans leurs familles, les autres, et plus nombreuses, dans des logements loués en ville.

Grâce à un gouvernement qui se fait le triste plagiaire des mesures liberticides et sectaires des *blocards* de la Convention nationale, il ne nous est que trop facile de nous représenter ces lamentables scènes d'expulsion et de dispersion dont nous

pourrons dire, avec le héros de *l'Énéide,*
que nous avons été plus d'une fois, depuis
quatre ans, les tristes et impuissants
témoins :

Quæque ipse miserrima vidi (1).

Si le livre de M. René de Chauvigny
tombait sous les yeux de celles de nos
religieuses qui ont été chassées de leurs
maisons, de leurs écoles, de leurs hôpitaux, et se sont vues dans l'obligation de se
séculariser, je les inviterais à méditer les
sages conseils qu'adressait à leurs devan-
cières dans l'oppression et la persécution
M. l'abbé de Saint-Gervais, vicaire général du cardinal de la Rochefoucauld, archevêque de Rouen — et père spirituel de la
communauté.

Après les confiscations et les expulsions
vinrent les incarcérations. Depuis le mois

(1) *Én.,* II.

d'août 1793, un comité de salut public, muni de pouvoirs illimités, fonctionnait à Rouen, secondé par une société populaire dont les membres, qui par fanatisme, qui par lâcheté, se faisaient les instruments dociles des mesures les plus révolutionnaires.

La mère de Belloy s'était retirée à Surville, aux environs de Rouen, dans la famille d'une sœur converse. Sa présence dans la rustique demeure qui lui donnait l'hospitalité fut signalée à la police du comité. Un jour, la ferme qu'elle habitait fut cernée, puis visitée et fouillée partout. Mais la mère de Belloy, avertie à temps, avait pu prendre la fuite et s'était allée cacher dans un champ de blé tout prêt à être moissonné. Lorsque les agents se furent retirés, on la trouva agenouillée, couverte par les épis mûrs que la brise courbait sur sa tête et vaquant à son oraison aussi tranquillement que si elle avait été dans sa cellule ou le chœur de son monastère.

Pendant ce temps, plusieurs de ses filles avaient été arrêtées et enfermées dans les bâtiments du second monastère de la Visitation, transformé en prison. Leur captivité, pendant laquelle elles eurent à souffrir de très rudes privations, dura jusqu'au mois de janvier 1795. Libres alors de demeurer en ville, elles durent se livrer à toutes sortes de travaux et d'industries pour se procurer le strict nécessaire. Enfin, dans l'automne de 1797, la mère de Belloy loua une maison où elle put s'installer avec une dizaine de religieuses. « Ce petit rassemblement, écrivait une d'entre elles dans un journal manuscrit que l'on a gardé, était la racine destinée à faire refleurir l'arbre précieux de leur saint établissement. »

Peu après, afin de répondre aux désirs d'un certain nombre de familles, elles se mettaient en mesure de recevoir quelques pensionnaires et de reprendre l'œuvre de l'enseignement et de l'éducation.

Pendant ce temps, le Concordat avait été signé, les églises s'étaient rouvertes ; l'oncle de la mère Marie-Madeleine-Anastasie, Mgr de Belloy, était devenu archevêque de Paris et cardinal. Le moment était propice pour assurer une existence légale au monastère dissous, puis reconstitué. Ce fut l'objet d'un décret rendu par l'empereur le 1er mai 1806. Le 21 novembre de cette même année, toutes les sœurs purent reprendre l'habit religieux et, sous la présidence du cardinal Cambacérès, archevêque de Rouen, elles eurent l'insigne bonheur de renouveler leurs vœux.

Au mois de mai 1807, des élections furent faites suivant toutes les formes prescrites par les constitutions de l'ordre, et la mère de Belloy fut mise de nouveau à la tête de la communauté, juste trente années après son premier appel à la supériorité et dans la soixante et unième de son âge.

Il ne lui restait plus que quelques mois à vivre et il semble que la Providence eût voulu ménager à cette fidèle et courageuse servante de l'état religieux la consolation ineffable de voir rétablie dans les meilleures conditions de sécurité cette famille visitandine qui avait traversé de si dures épreuves et pour le bien de laquelle son dévouement maternel s'était dépensé sans mesure, depuis qu'elle avait reçu mission de la régir. La mère de Belloy mourut le 19 décembre 1807.

Plus d'une fois, en lisant la biographie de cette très digne fille de sainte Jeanne de Chantal, je me suis souvenu d'une page de Bossuet que j'emprunte à son panégyrique de saint Thomas Becket. J'y changerai seulement quelques mots afin de rendre plus directe l'application que je me permets d'en faire à la mère de Belloy :

« Sa constance a été mise à de bien dures épreuves. Qu'on la dépouille, qu'on la bannisse : elle s'en réjouit; mais pourquoi ruiner les siens? c'est ce qui lui perce le cœur. Il n'y a rien de plus insensible ni de plus sensible tout à la fois que la charité véritable. Insensible à ses propres maux, et en cela directement contraire à l'amour-propre, elle a une extrême sensibilité pour les maux des autres... Ainsi le grand apôtre, cet homme tout céleste, si indifférent, si dur pour lui-même, ressentait le contre-coup de tous les maux, de toutes les peines que pouvait souffrir le moindre des fidèles... Sa tendresse est si grande qu'il ne peut voir ses frères dans les larmes et dans l'affliction qu'il n'en soit pénétré d'une vive douleur. « Vous « me fendez le cœur par vos larmes, leur

« disait-il; quant à moi, je suis prêt de tout
« souffrir, non seulement les chaînes,
« mais la mort même, pour le nom du
« Seigneur Jésus (1). »

Je ne crois rien exagérer si je résume
d'un seul mot l'existence de cette femme
qui fut mêlée aux terribles événements
dont la religion eut tant à souffrir en
France à la fin de l'avant-dernier siècle,
et si je dis simplement de la mère de Belloy qu'elle fut « une âme apostolique ».

A ce titre, l'étude de sa vie me paraît
être d'une singulière opportunité pour
nous qui aurons peut-être à nous mesurer
avec des épreuves semblables ou analogues
à celles dont elle eut à subir le contre-
coup. Je ne puis que remercier et féliciter
M. René de Chauvigny du service qu'il
nous rend par cette *Page d'histoire reli-*
gieuse, où se trouvent à la fois des leçons

(1) Bossuet, *Panégyrique de saint Thomas de Cantor-*
béry.

fort utiles à méditer et de précieux encouragements.

† ADOLPHE-LOUIS-ALBERT,
cardinal PERRAUD,
évêque d'Autun.

Le 3 janvier 1906, en la fête de sainte Geneviève,
patronne de Paris.

AVANT-PROPOS

On a souvent observé, comme en effet il est digne de remarque, que l'auteur de l'*Imitation de Jésus-Christ*, le plus beau livre, après l'Évangile, qui soit sorti de la plume d'un homme, n'a pas voulu signer l'œuvre immortelle qu'il lançait à travers le monde.

Son nom demeure encore enveloppé de mystère, et, dans un temps où les derniers secrets livrent leurs forteresses, il n'est pas à prévoir qu'il soit jamais connu.

Celui qui a le dessein d'écrire un livre aurait tort de méconnaître le sens profond de cette obscurité.

Si donc un auteur a le devoir de parler très peu de lui-même, je dirai seulement, et par manière de justification, comment j'eus en mes mains les principaux éléments de ce travail.

L'oubli des hommes, plus conservateur parfois que leur regard, me réservait au château de Petimus (1) un héritage de famille dans lequel j'ai rencontré des souvenirs et les lettres intimes de la mère de Belloy.

Désireux d'en savoir davantage sur une femme dont les mérites me semblaient fort au-dessus de l'ordinaire, je me suis adressé aux religieuses du premier monastère de la Visitation de Rouen qui l'honorent comme leur mère et leur restauratrice.

Je trouvai dans ce milieu ce que j'y cherchais : le cadre, la physionomie, la couleur, la sainteté.

De la réunion de ces documents est sortie une œuvre humaine, monument imparfait, voué par la piété filiale à l'honneur d'un nom que j'aimais avant de savoir l'écrire.

Cette œuvre, à l'heure présente, autorise de curieux rapprochements.

Le dix-huitième siècle, époque de scepticisme, a violé tous les principes au nom desquels

______

(1) Situé près de Chambly (Oise). Il était au dix-huitième siècle la résidence du marquis de Belloy ; il appartient maintenant au prince Murat.

il avait renversé l'ancien régime : il s'est couché dans le sang, l'intolérance et le fanatisme.

La renaissance religieuse qui a suivi le Concordat, un moment suspendue, a repris sa marche en avant vers 1850. Le siècle indécis oscilla entre deux courants : il appartenait à son déclin de lui assigner un caractère, de dire s'il serait un âge de foi ou un âge d'impiété. On sait comment il a fini.

Ébloui par les conquêtes de la science, l'homme s'est égalé à Dieu ; il s'est repris à nier les vérités de l'ordre surnaturel et a poursuivi de sa colère tous ceux qui en ont le dépôt sacré.

Entre 1790 et 1901, l'analogie est frappante : ce sont les mêmes attentats, les mêmes victimes, les mêmes persécuteurs.

« La lice est ouverte et l'univers regarde (1) ... » *Pazienza !*

Quand on jette un coup d'œil sur la carrière parcourue par l'Église à travers tous les peuples, ce qui se dégage de cette observation, c'est que le triomphe momentané de ses ennemis n'a jamais servi qu'à démontrer leur impuissance.

(1) Joseph DE MAISTRE, *Considérations sur la France*, ch. v.

Par son essence même, elle échappe aux étreintes humaines qui ont mis tout en œuvre pour l'étouffer : sa sphère est inaccessible.

Elle renfermera dans l'arche la doctrine de Pierre, et, patiente, attendra la fin de la tempête, laissant flotter sa barque au gré de celui à qui la mer et les vents obéissent (1).

(1) *Navicula ecclesia est, mare sæculum est.* — Saint Augustin, *Enar.*, in Psalm. XCIII,

UNE PAGE

D'HISTOIRE RELIGIEUSE

PENDANT LA RÉVOLUTION

PREMIÈRE PARTIE

I

Naissance de Mlle de Belloy. — Sa famille. — Le château
de Petimus et des Vosseaux. — Le second mariage de
son père. — Il meurt. — Désordre de sa fortune. —
Énergie de la marquise de Belloy. — Projet de mariage
pour sa belle-fille. — Force invincible d'une vocation
exemplaire. — Séjour à Paris et départ pour Rouen. —
La Visitation.

La noblesse du sang ne doit pas être estimée
à cause des honneurs qu'elle procure en ce
monde, ou, pour mieux dire : qu'elle procurait
jadis. Dieu, dans ses Livres saints, nous donne
l'intelligence et le sens véritable de la considé-

ration qui s'attache à une naissance illustre. « *Filii Sanctorum sumus :* Nous sommes les enfants des saints (1). » Et lorsqu'il est permis d'invoquer cette origine dans l'ordre de la nature aussi bien que dans celui de la grâce, nous en concevons un légitime et salutaire orgueil dont l'effet est de tourner nos pensées vers le ciel.

Mlle de Belloy eut l'avantage de naître de parents chrétiens dont les ancêtres avaient été constamment attachés à la foi catholique. Qui ne connaît, parmi ceux qui ont étudié le mouvement religieux du dix-septième siècle, cette grande, cette austère figure de Cécile de Belloy, la première professe de l'ordre des Ursulines, celle que Mme de Sainte-Beuve appelait agréablement sa fille aînée (2)? Un siècle plus tard, une religieuse du même nom, Marie-Anne, mourait dans une grande vénération au couvent des Capucines de la rue Saint-Honoré. Ne dirait-on pas deux étoiles brillantes éclairant sur le

(1) *Tobie*, VIII, 5.

(1) On trouve sa vie dans les *Chroniques de l'ordre des Ursulines*, par M. D. P. V., 1673 et 1676. Un vol. in-4°, et dans le *Dictionnaire des ordres monastiques*, par P. HÉLIOT, tome IV, page 115.

chemin de la perfection la fille de saint François de Sales et de sainte Chantal?

Si jamais la fortune parut avoir des sourires pour un berceau, ce fut bien pour l'enfant qui naissait au château des Vosseaux, proche Chambly en Beauvoisis, le 3 février 1746. Son père, Claude-François-Marie, était seigneur d'Amblaincourt, de Campneuville et de Petimus, et lieutenant du roi en la province d'Orléanais. Sa mère, Louise-Françoise le Messier, appartenait aussi à une famille d'ancienne chevalerie. Le huitième jour après sa naissance, on lui administra les cérémonies du baptême dans la chapelle de Vosseaux, construite en 1668 par la piété de son trisaïeul Claude le Picart, et placée par lui sous le vocable de Notre-Dame de Liesse et de saint Joseph.

Son parrain fut Jacques-François de la Rue de Lannoy, chevalier de Saint-Louis et de Saint-Lazare, gentilhomme de Mgr le duc d'Orléans et capitaine aux gardes françaises; et sa marraine, Marie-Catherine de Roussel, marquise de Flamarens, sœur de sa grand'mère. On l'appela d'un commun accord *Anastasie-Marie-Françoise :* et le premier de ces noms pourra sembler prédestiné, car, outre qu'il signifie proprement *Résurrection* et qu'il n'avait jamais été porté par aucune personne de sa famille, il donnait pour patronne à cette enfant qui devait un jour souffrir pour la foi la sainte veuve de Patricius, exilée dans l'île de Pamaria et brûlée vive à Rome pour avoir refusé de sacrifier aux idoles.

Nous avons nommé Chambly. Les Vosseaux n'en sont éloignés que d'une demi-lieue et un mur commun enferme dans une même enceinte son parc et celui de Petimus. Si nous parvenons à faire connaître ces lieux, nous y suivrons avec plus d'intérêt ceux dont les traits nous deviendront familiers.

Nous quittons Chambly et nous arrivons devant une grille monumentale, chef-d'œuvre de serrurerie de l'avant-dernier siècle, au pied des pentes abruptes d'où l'œil découvre au loin la vallée de l'Oise, Beaumont et les immenses plaines du Beauvoisis. La colline forme en cet endroit un pli de terrain profond, couronné par des bois d'où s'échappent des eaux vives qui vont au milieu d'une prairie alimenter un étang.

En face de nous se dressent les toits élancés

de Petimus. La construction en est des plus simples : un corps principal avec pignons apparents, flanqué de deux tourelles rondes terminées en cul-de-lampe; par derrière, sur un plan plus élevé et au centre, une grosse tour à huit pans, lançant son élégante toiture bien au-dessus du manoir; et, du même côté, une cour enserrée par un mur et par les bâtiments de service, immédiatement adossés aux pentes de la colline.

Assis en face de Petimus, sur le versant opposé du vallon, les Vosseaux n'étaient guère qu'un « hostel seigneurial » d'une architecture plus simple encore. C'était un pavillon central, au toit très élevé, sur lequel s'appliquait une tourelle ronde faisant face à la prairie. La chapelle, entièrement isolée, se trouvait à main gauche en traversant l'enclos qui formait en cet endroit une sorte de terrasse. La vue s'y reposait sur les masses profondes de verdure au milieu desquelles s'encadrait la silhouette de Petimus; et le calme de cette retraite, son charme un peu mélancolique pouvaient disposer l'esprit à la méditation et lui inspirer le goût de la solitude.

Telle était, au dix-huitième siècle, la demeure du vieux comte de Belloy, ancien page de Louis XIV, chef de la maison de Morangle et frère aîné de Mgr Jean-Baptiste de Belloy, évêque de Marseille, qui était plus jeune que lui de vingt années (1). Il habitait ces deux châteaux avec sa femme Claude-Valentine de Roussel, son fils unique le marquis Claude-François-Marie, sa belle-fille et les trois enfants issus de leur mariage (2).

(1) La maison de Belloy, de la branche de Morangle, qui porte de gueules à sept losanges d'or, 3, 3, 1, est aujourd'hui près de s'éteindre. Son dernier représentant mâle fut Auguste-Guillaume-Benjamin, marquis de Belloy, mort à Lyon sans postérité, le 6 avril 1871, en laissant dans le monde des lettres un nom fort estimé.

La généalogie de cette famille, publiée en 1747 à Paris, chez Thiboust, 1 vol. in-4°, est rapportée en trois chapitres correspondant aux trois rameaux qu'on suppose avoir eu, dans les temps reculés, une origine commune.

Les Belloy, seigneurs d'Amy, de Francières et de Castillon, se sont éteints au dix-huitième siècle. Les Belloy de Saint-Liénard subsistent encore ; leurs armes sont d'argent à trois fasces de gueules.

(2) On remarquera que la terre de Belloy en France, ayant été érigée en comté, et celle de Morangle en marquisat, par lettres patentes de 1652 et 1666, le chef de nom et armes prenait le titre de comte, comme étant le plus ancien des deux créés en faveur des seigneurs de Belloy.

Les premières années des personnes que Dieu destine à de grandes choses sont ordinairement marquées par des événements extraordinaires qui tournent leur esprit vers les idées religieuses. La jeune Anastasie vit souffrir et mourir autour d'elle les êtres qu'elle affectionnait le plus. Elle était encore en bas âge quand sa mère lui fut ravie, à l'aurore de son existence, semblable à ces fleurs qu'un même jour voit naître et se flétrir et qui ne laissent après elles qu'un parfum. Son père, devenu veuf, demanda une seconde fois le bonheur au mariage, et son espérance ne fut pas trompée dans le choix qu'il fit de Marie-Madeleine le Boullenger du Tilleul, fille de qualité qui possédait des domaines considérables en Normandie (1). Il l'épousa le 8 novembre 1752 dans l'église de Pont-Audemer, et leur union sembla bénie, car elle donna naissance à quatre fils et six filles.

Arrêtons-nous un instant pour contempler ce doux spectacle, cette famille réunie sous les toits

(1) Le Boullenger, seigneurs du Bosgouet, des Roques, du Tilleul, etc., famille ancienne qui a donné des conseillers au parlement de Rouen en 1709, 1749, 1785.

de Petimus et des Vosseaux. L'aïeul s'éteint le 16 mai 1759, suivi de près par sa femme; et ces dix enfants qui forment sa couronne, la marquise de Belloy va, pour ainsi dire, les semer sur sa route! Sept d'entre eux meurent au berceau ou dans la fleur de leur printemps. Sa belle-fille, Adelaïde-Françoise, est enlevée à l'âge de vingt-deux ans; et dix jours plus tard, emporté par le même mal, son mari meurt au milieu de sa course, laissant après lui une fortune compromise.

M. de Belloy avait une nature vive, ardente et généreuse; il avait publié en 1747 la généalogie de sa maison, dont il estimait au plus haut degré l'honneur et l'ancienneté; mais ses qualités mêmes allaient parfois jusqu'au défaut, et il n'apportait pas toujours dans le gouvernement de ses affaires cet esprit d'ordre et de sage économie qui doit régir les biens de ce monde pour en permettre un salutaire usage.

Sa femme ne se laissa pas abattre par la douleur. « Je prie le Seigneur, lui écrivait une de ses parentes, qu'il soit votre consolation, ma chère dame; M. votre curé, qui m'escrit de votre part, me marque que votre espoux est mort de la mort des justes; cela est bien heureux; je vous prie, Madame, d'être persuadée que je ne l'oublie pas dans mes prières. »

Désormais il n'y aura plus de bonheur pour la marquise de Belloy; elle luttera sans trêve pour rétablir la fortune de ses enfants; elle en a eu dix, il lui en reste encore trois. L'aîné, Deo Gratias, meurt loin d'elle, le 6 février 1774, entre les bras du prieur d'Angirey (1); le second, Servus Dei, prêtre et vicaire général du diocèse de Marseille, disparaît pendant la Révolution. En 1807, elle n'a plus qu'une fille, Mme Ducla de Péjot, qui lui fermera les yeux.

Mais la Providence avait placé près d'elle une âme délicate, faite pour adoucir sa douleur, en lui montrant la croix au sommet du calvaire. La jeune Anastasie, élevée avec soin dans l'abbaye de Beaumont-lez-Tours, et préparée aux solides vertus sous les yeux de sa royale abbesse, Mme la princesse de Condé, aimait sincèrement sa belle-mère; elle estimait ses

____

(1) Charles-Marie de Belloy, chanoine régulier de l'ordre de Prémontré, était alors prieur d'Angirey. Il l'avait été de l'abbaye d'Abbecourt. On a de lui une oraison funèbre du Dauphin, père de Louis XVI. Paris, Lottin, 1760, in-4°.

nobles qualités ; et, quand viendra le jour de sa profession religieuse, elle lui en donnera le plus pur témoignage en ajoutant à son nom celui de Madeleine !

Après la mort de son mari, Mme de Belloy ne voulut point rentrer aux Vosseaux. Elle possédait à Honfleur, dans la rue des Buttes, un ancien hôtel qu'elle vint habiter avec sa famille. Ce fut là que Mlle d'Orvilliers (on appelait ainsi la future religieuse) entendit pour la première fois l'appel de la grâce, conduite par les desseins mystérieux de la Providence au cœur de cette Normandie où devait s'accomplir sa destinée.

C'était elle qui vaquait aux soins du ménage. Sa belle-mère, absorbée par des affaires de succession, faisait de fréquents voyages à Paris : la jeune fille lui écrivait, réglait toutes choses dans la maison, rendait ses comptes avec déférence, et donnait l'exemple de cette sagesse, de cette soumission, de cet esprit d'ordre et de gouvernement qui fit d'elle une si grande religieuse. Elle s'occupait de ses frères, dont l'un était encore au berceau, avec une tendresse maternelle qui prévoyait tous les besoins de leur âge. Elle n'oubliait pas non plus les pauvres gens, et, souvent, elle prenait soin de les désigner aux bontés de sa belle-mère, sollicitant pour eux quelque gratification lorsqu'elle la croyait méritée. « Le toilier a apporté ces jours-ci votre toile, ma chère Maman ; elle est très bien faite et aussi belle que vous pouvez l'imaginer... Je l'ai payé sur le pied de 42 sols l'aulne ainsi qu'il m'a dit qu'il en était convenu avec vous ; mais il m'a bien assuré qu'il y perdait beaucoup et il espère.de vous quelque récompense. La mère m'a aussi fort engagée de ne pas oublier de vous la recommander afin que vous lui donniez quelque chose pour sa peine de l'avoir dévidée... » Avec cela, elle s'oubliait elle-même, parlant toujours des autres et ne demandant rien pour sa personne.

Heureuse de se confier en un tel auxiliaire, Mme de Belloy ne songeait qu'à mettre de l'ordre dans sa fortune. Elle dressait des comptes, corrigeait des mémoires, parlait aux avocats et montrait dans ces circonstances difficiles un courage et une force d'esprit dont il y a peu d'exemples. Pour conserver le patrimoine de ses enfants, pour sauver ces domaines

de Petimus et des Vosseaux auxquels se ratta-
chaient les souvenirs et les traditions de leur
famille, elle renonçait à son douaire; et quand
par hasard l'impatience d'un créancier menaçait
de compromettre le résultat de tant de labeurs,
elle trouvait pour le réduire au silence des
accents pleins d'une éloquente fermeté : « Car
enfin, leur disait-elle, si j'eusse mis de côté des
sentiments que j'ose dire n'être pas communs,
où en seriez-vous? Rapelés-vous, s'il vous plaît,
des tems qui, pour vous et pour moi, étaient
d'un autre genre qu'un embarras de 6,000 livres
et dont il m'est encore trop dur de vous tracer
le ressouvenir; de ces malheureuses affaires,
nous avons tous souffert; nous en sommes à la
convalescence, avec cette différence que vous
en guérirés radicallement, et que moi je m'en
sentirai toute ma vie par les soins que j'ai pris
pour vous et pour tous... »

Il est aisé de comprendre qu'une telle situation n'était pas faite pour faciliter un événement qu'on devait déjà souhaiter dans la famille
de Mlle d'Orvilliers. Elle était parvenue à cet
âge où l'on songe d'ordinaire à établir une
jeune fille. Son éducation était aimable et aisée,

son sens droit, son esprit remarquablement
judicieux; et, bien qu'il soit impossible de se
faire une idée parfaitement exacte de sa figure,
le charme qu'elle répandait autour d'elle, l'affection de ses proches, les souvenirs dont elle
était l'objet dans leurs lettres semblent nous
dire qu'elle avait pour le moins cette grâce qui
sait plaire et qu'on préfère souvent à la beauté
la plus accomplie.

Il y avait alors à Honfleur une famille dont
l'intimité était un asile toujours ouvert à
Mlle de Belloy quand sa belle-mère s'absentait
pour la direction de ses affaires. Dans le courant de l'année 1767, elle y vit un jeune gentilhomme qui venait y conduire sa sœur, et qui,
frappé de son mérite, conçut bientôt l'espoir de
l'épouser. Il était de bonne maison, d'un extérieur agréable, pourvu d'un grade dans l'armée et suffisamment avantagé des biens de la
fortune. Aussitôt qu'elle connut les sentiments
qu'elle inspirait, Mlle d'Orvilliers écrivit à sa
belle-mère qui se trouvait alors éloignée d'elle et
qui, dans un moment d'humeur, témoigna son
mécontentement de n'avoir pas été présente à
cette rencontre. Après un examen sérieux,

Mme de Belloy reconnut bientôt que ses reproches n'étaient pas fondés ; mais rien n'est plus touchant que les explications données par la jeune fille pour se justifier d'un tort qui n'était qu'apparent. Sa lettre est du 12 mars 1767. Le langage en est si convenable, la pensée si sage, le ton si respectueux et si modeste, il diffère tellement de celui qu'emploie la jeunesse de nos jours qu'on nous saura gré, j'imagine, de reproduire cette lettre et de la proposer comme un modèle de déférence dans les relations de famille.

« J'ai reçu, ma chère Maman, la lettre que vous m'avez fait l'honneur de m'écrire. Je suis bien reconnaissante de tout l'intérest que vous voulez bien prendre à ce qui me regarde. Si j'ay pris un peu trop vivement l'avant-dernière que vous eûtes la bonté de m'envoyer, ce n'était, je vous assure, que parcequ'elle m'avait un peu affecté dans la crainte que j'avais de vous avoir déplu sans le vouloir, car dailleurs, je connais assez vos bontés et votre amitié pour moy, pour être certaine que votre intention ne sera jamais de me faire de la peine... Je crois, ma chère Maman, que Made-

moiselle de la Cave n'a point autant de tort
pour l'histoire de M. son cousin comme vous
l'imaginez, car je suis témoin qu'elle s'est
plainte plusieurs fois et qu'elle regrettait beaucoup que vous ne fussiez point icy et qu'elle ne
l'a laissé venir icy en votre absence que parce
qu'il était et est encore fort embarrassé, étant
obligé de partir le mois prochain pour son régiment. Il est vrai qu'elle aurait pu vous l'écrire,
mais elle ne l'a point fait parce que, de concert
avec elle, je devais vous le marquer moy-même;
il n'a point du tout séjourné icy, car après avoir
amené Mademoiselle sa sœur, il s'en est re-
tourné et n'est revenu que pour la chercher. »
Puis, entrant dans le détail de ce qu'elle sait de
sa fortune et de sa personne, elle ajoute avec
cette sagesse parfaite qu'on admirera dans la
suite de cette histoire : « Il est âgé de près de
vingt-quatre ans, un peu moins grand que mon
frère, d'une figure ordinaire; il a l'air très doux,
et je serais trompée s'il ne l'était pas en effet;
il paraît sensé, prudent et d'un fort bon caractère; il marque avoir pour moy beaucoup d'estime et d'amitié. Je vous assure, ma chère
Maman, que cela m'embarasse visiblement, car

d'un côté, je ne suis pas portée pour le mariage et je connais toutes les difficultés qui sont attachées à cet état, surtout quand on a peu de bien; d'un autre côté, je réfléchis que cette fortune, quoique bornée, avec ce que je puis avoir et un peu d'économie et d'arrangement est suffisante pour vivre en province; en outre, j'examine tous les états et je n'en vois aucuns qui soit exempt d'inconvénients et de peine; d'ailleurs celuy de fille n'en est pas un que l'on puisse regarder comme fixe, et vraisemblablement, malgré mon goût pour luy, tôt ou tard, je le quitteray. Peut-être que si je refuse le parti qui se présente aujourd'huy il s'en trouvera d'autres dont l'apparence d'une fortune plus brillante me séduira, et qu'au fait, je trouverai des affaires fort dérangées; chose bien à craindre et bien commune dans le siècle où nous vivons; ou peut-être encore, quelqu'un qui aura beaucoup de bien avec un caractère difficile et avec lequel je seray malheureuse toute ma vie; car pour trouver un établissement tel qu'on le peut désirer en tout point, il faut un si grand nombre de choses que je ne me flatte pas, à beaucoup près, d'avoir assez de mérite ou de bonheur pour les trouver toutes réunies. Au reste, ma chère Maman, je n'ay rien décidé sur tout cela et je trouve même qu'il n'est pas facile de le faire. Je vous prie de vouloir bien me dire ce que vous en pensez; je me feray toute ma vie un plaisir et un devoir de suivre vos conseils; vous avez toujours bien voulu me servir de mère et avoir pour moy toute la bonté et l'amitié que la mère la plus remplie de mérite et de tendresse pourrait avoir pour ses propres enfants : j'espère que vous voudrez bien ne pas refuser de continuer dans une occasion d'une si grande importance. Je vous demande en grâce de vouloir bien être persuadée de la reconnaissance et de l'attachement très sincère, tendre et respectueux avec lesquels j'ay l'honneur d'être,

« Ma chère maman,

« Votre très humble et très obéissante servante,

« DE BELLOY-DORVILLIERS. »

Ainsi, le 12 mars 1767, la future religieuse confiait à sa belle-mère les incertitudes qui la troublaient jusqu'au fond de son cœur. Elle n'avait pas de goût pour le mariage; l'idée d'entrer dans le cloître ne s'était pas encore présentée à son esprit, et elle flottait ainsi, suspendue entre le ciel et la terre, priant Dieu de l'éclairer sur le parti qu'elle devait suivre. Cet état dura environ trois années. Elle connut alors sa vocation, et aussitôt elle recouvra la paix intérieure qu'elle pensait avoir perdue pour toujours.

Cette vertueuse fille avait un ardent désir de servir Dieu et de faire son salut. Au milieu de ses aspirations et de ses doutes, dans cet abandon universel qui la faisait si cruellement souffrir, cette idée ne l'avait jamais quittée, et elle s'y était attachée comme à une vive lumière qui indique le chemin du port au navire en détresse. C'était, en effet, le mystérieux fanal que la grâce divine avait ingénieusement allumé sur sa route, et, dans la logique inflexible de son esprit, elle ne tarda pas à comprendre que, pour servir Dieu sans réserve, il fallait quitter le monde et s'enfermer dans le cloître. Elle s'en ouvrit donc à sa belle-mère dès les premiers mois de l'année 1770, et lui annonça la vocation à laquelle elle se croyait appelée.

Mme de Belloy eut peine à goûter un semblable projet. Elle aimait sincèrement sa belle-fille; elle avait eu des soins maternels pour son enfance; sa compagnie lui était devenue nécessaire, et d'ailleurs elle lui trouvait une santé trop délicate pour supporter les rigueurs de la vie monastique. Elle repoussa donc le sacrifice, et, n'écoutant que la voix de sa tendresse, elle ferma l'oreille aux paroles qu'une religieuse de Caudebec, la sœur de Saint-Augustin, alors chargée de l'éducation de sa plus jeune fille, osait lui adresser le 31 juillet 1770 : « J'ay l'honneur de saluer Mlle de Belloy et de la féliciter sur le bon party qu'elle veut prendre. Peut-être vous déplairai-je, Madame, passez-le moy s'il vous plaît. Je ne puis que complimenter la communauté qui fera une si bonne acquisition. Je dois vous plaindre, Madame, si vous perdez Mlle de Belloy : je sais, par l'éloge que vous en faites, que vous y êtes attachée et je ne puis vous dédommager de son absence qu'en vous promettant de prendre à Mlle sa sœur le plus vif intérêt. »

On était alors au temps des vacances; la marquise de Belloy emmena ses enfants dans sa terre de la Bataille, à trois lieues de Pont-Audemer, comptant sur les agréments de la campagne, sur la solitude et sur une influence qu'elle pourrait exercer librement, pour détourner sa belle-fille de sa résolution.

Cette espérance ne fut pas entièrement trompée. Soit qu'elle voulût se dérober aux sollicitations pressantes de sa belle-mère, soit qu'elle-même chancelât sur le seuil du cloître, il fut convenu, d'un commun accord, qu'elle se retirerait à Paris, dans une maison religieuse. Écoutons maintenant ce que nous dit de ce voyage le frère de Mlle d'Orvilliers, le comte Anselme de Belloy, qui était page de M. le duc d'Orléans et sur le point d'entrer dans le régiment des gardes françaises :

« Chambly, ce 29 novembre 1770.

« Ma chère Maman,

« Je suis bien sensible et reconnaissant des soins que vous avez pris de détourner ma sœur de son funeste dessein et en particulier des secours que vous lui procurez pour s'établir dans un couvent de Paris. Cela me mettra à portée d'employer tout ce qui sera en mon pouvoir pour la désabuser entièrement. Je me flatte d'avoir déjà beaucoup gagné sur son esprit et j'espère qu'elle aura un jour cette obligation à ajouter à toutes celles qu'elle vous a déjà. Elle a fait retenir et arrêter son logement dans un couvent et elle n'attend que ses meubles pour l'aller habiter. Elle est très éloignée à cet égard de chercher à vous tromper et ce serait lui faire injustice que de lui refuser, dans ce point comme dans tout autre, votre confiance dont elle est incapable d'abuser... »

Mlle de Belloy se rendit donc à Paris, ainsi qu'on le désirait et qu'elle avait promis de le faire ; mais, quand la grâce opère dans une âme, les hommes sont bien faibles pour la combattre : c'est la lutte éternelle de l'Ange et de Jacob. Aussitôt qu'elle fut installée dans sa retraite, la paix d'une maison religieuse, l'air pur et serein qu'elle y respirait, la règle et le silence, toutes ces choses enfin qui calment l'esprit et qui contentent le cœur, produisirent en elle une impression toute contraire à celle qu'on espérait ; et, dès les premiers jours de mars 1771, il était clair pour ses parents « qu'elle persistait tou-

jours dans sa même résolution et qu'ils n'auraient pas le bonheur de l'en voir changer ».
Elle était alors dans sa vingt-sixième année ;
elle avait obéi ; elle avait souffert et elle venait
de conquérir sa vocation à coups de volonté.

Il restait encore à déterminer l'ordre dans
lequel elle entrerait. La Visitation, animée de
l'esprit de saint François de Sales et de sainte
Chantal, créée pour les personnes d'une complexion délicate qu'effrayaient les austérités
du Carmel, paraissait convenir à la future postulante. Elle tourna ses vues de ce côté, et,
comme elle était libre de disposer de sa personne, elle s'occupa de suivre promptement la
voix de la Providence qui l'appelait dans la
capitale de la Normandie. Elle différa son départ de six semaines afin de mettre ordre à ses
affaires temporelles. Elle fit à ses frères l'abandon des droits qui lui revenaient dans la succession paternelle et désigna pour sa dot une rente
de 880 livres sur les aides et gabelles qu'elle
avait recueillie dans l'héritage de sa mère. Elle
fut aussi dans la nécessité d'emprunter pour
subvenir à ses dépenses journalières et aux
frais de son voyage ; mais, n'ayant pu réunir

qu'une somme insuffisante, elle dut renoncer à l'acquisition d'un objet qu'elle destinait à ses cousines de Chambly, Mlles de Rieux (1). Ce sacrifice lui fut extrêmement pénible, parce qu'elles étaient ses compagnes d'enfance ; toutefois, elle ne songea pas à s'en plaindre et se contenta de dire : « Je tâcherai de réparer cela dans un autre tems. »

Quand ses dispositions furent prises, le mois d'août touchait à son terme. Ne voulant pas différer davantage le moment qui devait l'unir à Dieu, elle écrivit à sa belle-mère et lui annonça son départ pour Rouen. « Si vous ne pouvez, lui dit-elle, m'envoyer ma renonciation dès le même jour ou le lendemain que vous aurez reçu ma lettre, vous aurez, s'il vous plaît, la bonté de l'envoyer à mon frère, car elle ne me parviendrait pas, attendu que je pars Mercredi prochain par le carrosse. J'attendais de jour en jour de vos nouvelles, je suis inquiète de votre santé ; si je n'en reçois point ici, voulez-vous bien m'en adresser au Premier Monastère de la

---

(1) Filles de Thècle-Mélanie de Belloy, sœur de l'évêque de Marseille, et mariée à Claude-Alexandre de Rieux, écuyer, seigneur de Cagnier et de Sarazin.

Visitation, rue Beauvoisine (1), où je compte arriver le 27; je vous en aurais une véritable obligation, car cela me tirerait de l'inquiétude où je suis que vous ne soyez incommodée. J'ose me flatter que vous voudrez bien me rendre en tout temps la justice d'être persuadée du sincère et respectueux attachement avec lequel j'ay l'honneur d'être, ma chère Maman,

« Votre très humble et très obéissante servante,

« DE BELLOY. »

Cette lettre est la dernière qu'ait écrite Mlle d'Orvilliers avant d'avoir vu les grilles de la Visitation se fermer derrière elle. Lorsque, dans la journée du 27 août 1771, elle aperçut

(1) Il y avait à Rouen deux monastères de la Visitation. La fondation du premier fut confiée à la mère Anne-Marguerite Guérin et à dix religieuses de la rue Saint-Antoine à Paris, qui arrivèrent le 23 octobre 1630, et furent installées régulièrement le 27 dans une maison voisine des Minimes. On ne commença qu'en 1634 à construire l'établissement de la rue Beauvoisine. Un peu plus tard, le 4 mai 1642, huit professes du premier monastère, conduites par la mère Françoise-Marie Ellyes, se transportèrent dans un local, proche les Capucins, pour y fonder un second couvent de leur ordre. La bénédiction en fut faite le surlendemain; et, pendant deux ans, ces monastères vécurent en communauté de biens.

pour la première fois les cent tourelles et les
clochers de la ville gothique, dans l'émotion qui
faisait battre son cœur, elle dut répéter en elle-
même ces paroles de la sainte profession :
« C'est ici le lieu de mon repos, je l'habiterai
tout le temps de ma vie... (1) » Si, alors, elle
eût pu voir clairement combien ces promesses
du Psaume seraient de courte durée, mieux eût
valu pleurer sur la vieille ville, comme Jésus
pleura sur Jérusalem, et lui dire :

« Ah! si du moins, en ce jour qui t'est encore
donné, tu savais ce qui peut te procurer la
paix! Mais tout cela est maintenant caché à tes
yeux; aussi viendra-t-il des jours malheureux
pour toi!... (2). »

(1) Ps. cxxxi, 14.
(2) Saint Luc, ch. xix.

II

Les religieuses de Rouen accueillirent avec
joie une personne d'un si grand mérite, qui
s'était formée dans le monde à l'esprit de pauvreté, de douceur et d'obéissance. La mère
Delahaye, chargée depuis deux ans des fonctions de supérieure, reconnut dans la prétendante l'esprit intérieur d'une vraie fille de la
Visitation et l'admit aux exercices de la communauté « pour considérer mûrement si elle pouvait s'accommoder aux règles et observances de
l'Institut ». Sa piété n'était pas « mignarde »,
c'est le mot des Constitutions, « mais douce,
élevée, sincère et courageuse : » elle voyait
bien dans le cloître « un Mont de Calvaire où
avec Jésus-Christ, ses chastes épouses doivent

être crucifiées spirituellement pour après cette vie, estre glorifiées avec luy (1) », mais son humilité lui faisait attendre avec soumission le moment où sa supérieure la jugerait digne de recevoir l'habit du noviciat.

Elle écrivait souvent à sa famille, dans le double but de contenter son affection et de lui marquer nettement le bonheur qu'elle rencontrait dans sa vie nouvelle. Parmi les personnes qui recevaient ainsi les épanchements de son cœur, il en était une dont le caractère et les vertus lui inspiraient une sorte de vénération. C'était Mgr Jean-Baptiste de Belloy (2) qui avait succédé en 1755 à Mgr de Belzunce sur le siège épiscopal de Marseille et rétabli la paix religieuse dans ce diocèse si profondément troublé par les querelles du jansénisme. Son esprit doux et conciliant, la sagesse de ses conseils, l'intérêt touchant qu'il témoi-

(1) Constitution XLIV.

(2) Jean-Baptiste de Belloy, né à Morangle (Oise) le 28 octobre 1709, docteur de Sorbonne, chanoine et grand archidiacre de Beauvais, nommé évêque de Glandève en 1751, de Marseille en 1755, archevêque de Paris le 8 avril 1802, cardinal, sénateur, comte de l'empire, décoré du grand aigle de la Légion d'honneur, mort le 10 juin 1808.

gnait à tous les membres de sa nombreuse famille et qui descendait dans les moindres détails de leurs besoins spirituels et temporels rappelaient les habitudes du saint évêque de Genève; et Mlle de Belloy n'avait pas manqué de lui ouvrir son âme dans un moment si décisif pour son bonheur éternel. Le prélat l'avait écoutée, soutenue, encouragée; et quand il écrivait quelques semaines plus tard à la marquise de Belloy, pour laquelle il professait beaucoup d'estime, il pouvait lui dire en toute assurance : « Ma nièce, votre belle-fille ne m'a pas laissé ignorer le parti qu'elle prenait de se consacrer uniquement à Dieu dans un couvent de la Visitation à Rouen; je crois sa vocation si bonne et si décidée, que je ne puis qu'applaudir, et la féliciter d'une démarche si religieuse (1). »

Les dispositions qu'elle témoignait étaient en réalité des plus édifiantes, et nous en trouvons l'écho dans les lettres qu'elle adressait alors à sa belle-mère. Les écrits des saints, ou du moins des personnes qui ont marché dans les sentiers

(1) Lettre du 13 janvier 1772.

de la perfection, ont toujours été considérés comme très précieux. L'Église les soumet à un examen sévère, et l'histoire, avide de renseignements précis sur le passé qu'elle ranime, les cherche principalement dans les lettres, confidents posthumes de la pensée, témoins toujours vivants, miroirs fidèles où les âmes ont, pour ainsi dire, pris soin de se refléter elles-mêmes avec leurs secrets, leurs impressions, leurs désirs et leur profondeur la plus intime. Aussi croyons-nous qu'on ne lira pas sans intérêt ce que la future religieuse écrivait à sa belle-mère le 2 décembre 1771, pendant qu'elle portait encore les habits du monde.

« VIVE † JÉSUS.

« De notre 1er Monastère de Rouen.

« J'attends et désire de jour en jour, ma chère Maman, de recevoir de vos nouvelles, et mon empressement me fait trouver bien long le tems que vous différez à m'en donner. Je crois que vous êtes toujours très occupée, mais j'espère que vos bontés et votre amitié vous engageront à employer quelques moments à me procurer cette satisfaction... Ma santé est assez bonne et s'accommode très bien de mon nouvel état dont je me félicite et rends grâces au Seigneur de plus en plus, car il est bien vray qu'il comble cette Maison de ses grâces en donnant à toutes les personnes qui la composent un désir sincère de luy plaire, chacune y travaillant avec un vray zèle à sa perfection. Tous les moyens de salut que l'on y trouve et dont j'ay grand besoin augmentent et affermissent ma vocation ! Au reste toutes les réflexions que je pourrais faire à ce sujet, je puis dire qu'elles sont bien mûrement et solidement faites ; il ne m'est pas possible de changer de façon de penser, à moins que, par un grand abandon de Dieu (qui j'espère n'arrivera jamais), je ne vinsse à abandonner d'abord le désir de faire mon salut sur lequel est fondé celui de me consacrer à Dieu. C'est pourquoi, me confiant en la miséricorde divine et regardant ma vocation comme suffisamment assurée, je remets entre les mains de la Providence la décision du moment qui doit m'engager pour jamais à la douce nécessité de ne vivre que pour travailler à lui plaire. Je ne crois pas être beaucoup retardée du tems que

l'on employe ici ordinairement à faire son noviciat qui est de quelques mois avant la prise
d'habit et ensuite un an avant la profession,
d'autant qu'il n'est pas absolument nécessaire
que la somme dont j'aurai besoin pour ma prise
d'habit soit reçue au même instant, et qu'à
l'égard de ma dot, il y a aussi lieu d'espérer
qu'elle sera prête... Ainsi n'ayant point d'obstacles spirituels ni temporels, pourrait-on me
blâmer de profiter des grâces que le Seigneur
accorde de plus en plus aux âmes qui se confient
en lui, ne négligeant aucunes de celles qu'il leur
présente. Je ne scais pas encore exactement le
tems où j'aurai ce bonheur, mais dans l'espérance où je suis que ce sera bientôt, pourrais-
je me flatter que vous voulussiez bien y
venir?... Permettez-moi de vous renouveler
l'assurance du sincère attachement avec lequel
j'ai l'honneur d'être,

« Ma chère maman,

« Votre très humble et très obéissante servante,

« DE BELLOY,
« De la Visitation Sainte-Marie.
« D. S. B. »

Quelques jours plus tard, le 14 décembre, une décision du chapitre admettait la prétendante à recevoir l'habit du noviciat, et la cérémonie d'usage était renvoyée au 25 janvier. Elle fut présidée par M. l'abbé Térisse, doyen du chapitre de la métropole depuis 1750, un des prêtres les plus savants et les plus distingués de son temps, et « qui honorait sa place autant que sa place l'honorait (1) ».

Qu'on se figure maintenant Mlle de Belloy, encore vêtue de ses habits du monde, agenouillée dans le chœur des religieuses entre la supérieure et l'assistante, et le prêtre, assis à la grille, commençant avec elle cet admirable dialogue :

« — Ma fille, que demandez-vous? Déclarez votre intention devant toute cette assemblée.

« — J'ai fait une demande au Seigneur et je la réitère maintenant : c'est d'habiter dans cette maison du Seigneur tout le temps de ma vie...

« — Cette maison est une école de la mortification des sens et de la propre volonté, où l'on

(1) Mémoires de l'abbé Baston, publiés par M. l'abbé Loth. Alph. Picard, 1897. — 3 vol. in-8°. Tome I, p. 268.

doit continuellement crucifier l'homme extérieur avec toutes ses inclinaisons, habitudes et convoitises, en un mot mourir à soi-même pour vivre à Dieu...

. . . .

« — Persévérez-vous dans la demande que vous avez faite?

« — Ceux qui se confient au Seigneur pour habiter en sa maison ne seront non plus ébranlés que la montagne de Sion; ainsi je persévère, et réitère en toute humilité la demande que j'ai faite; car, espérant en la bonté de mon Dieu, si une armée était campée devant moi, mon cœur ne la craindrait point, et si la bataille m'était livrée, en cela même, je m'encouragerais... »

Alors la supérieure et l'assistante conduisent Mlle de Belloy vers la grille; le prêtre bénit l'habit et le voile blanc, symbole de soumission, d'innocence et d'humilité; il présente un cierge allumé à la prétendante, et, retirant le mouchoir de son col par le bord qu'elle lui présente, il prononce ces paroles : « Que le Seigneur vous dépouille du vieil homme, de ses volontés et de ses actes ! » Et, mettant le voile sur la tête de la jeune fille, il ajoute : « Que le Seigneur vous revête de l'homme nouveau, qui a été créé selon Dieu, dans la justice et la sainteté véritable! »

« Vous ne serez plus appelée Anastasie-Marie-Françoise seulement, mais sœur Marie-Madeleine-Anastasie. » Ensuite, il jette de l'eau bénite sur la novice, et, tandis qu'elle se retire pour revêtir son habit religieux, ses compagnes, un flambeau à la main, entonnent au chœur ces belles paroles du psaume 132 : « Oh! qu'il est bon, qu'il est agréable que les frères soient unis en un même séjour! »

Telle fut cette journée du 25 janvier 1772, qui marquait le premier pas de la postulante dans la voie des engagements perpétuels et de l'offrande irrévocable. Nous en avons raconté le détail, trop fidèlement peut-être; mais, hélas! parmi les personnes du monde, parmi celles-là mêmes qui remplissent les devoirs de la religion, combien peu ont étudié cette action sainte, ce drame saisissant imprégné d'une austère poésie!

Depuis les premières professes de l'ordre de la Visitation jusqu'à celles qu'on reçoit encore de nos jours, en passant par sainte Chantal, par la comtesse de Dalet, par Mlle de la Fayette et par la sœur de Belloy, c'est toujours e même cérémonial, toujours la même liturgie, ce sont les mêmes prières; car, au milieu du temps qui passe et des hommes qui changent, vieillissent et disparaissent, l'Église demeure immuable dans son éternelle jeunesse.

La sœur Madeleine-Anastasie, c'est ainsi que nous appellerons désormais Mlle de Belloy, fut placée au noviciat sous l'autorité de la sœur Marie-Victoire France (1), qui exerçait avec zèle la charge de directrice. Comme la main du vigneron façonne le cep à l'appui des rochers pour qu'il reçoive plus abondamment les rayons du soleil, ainsi l'habile maîtresse formait cette âme aux règles de son nouvel état, pliant ses vertus dociles et les inclinant à l'esprit de l'institut. Ces règles, dont l'expérience a démontré la sagesse, sont contenues dans un tout petit volume souvent réimprimé, sorti en 1616 de la plume et du cœur de l'évêque de Genève dans les entretiens qu'il avait avec la mère de Chantal au parloir du monastère d'Annecy. Les filles de ces saints législateurs le portent tou-

---

(1) Marie-Anne-Victoire, fille de Guillaume France et d'Élisabeth Betard, avait alors quarante-neuf ans dont trente de profession religieuse.

jours sur elles et ne s'en séparent jamais : c'est, pour ainsi dire, le moule béni dans lequel et par lequel sont fondues les religieuses de la Visitation. Le *Directoire spirituel* qui suit les *Constitutions* (1) concerne plutôt l'esprit intérieur qui doit animer les saintes observances, mais ces deux parties d'une même œuvre sont inspirées par la même pensée, conçues dans le même but : développer dans les sujets appelés à la vie régulière l'humilité, la modestie, la douceur, la suavité, la mutuelle dilection; car c'est là tout le secret de ce livre qui dénote une connaissance si parfaite du cœur humain. Saint François de Sales voulait le compléter en écrivant un traité spécial sur les coutumes que les nécessités journalières de la vie religieuse avaient introduites au couvent d'Annecy et qu'il se proposait d'étendre à l'ordre tout entier en leur donnant une forme définitive. La mort ne lui permit pas d'achever cette œuvre; mais il avait laissé une multitude d'écrits qui composaient les éléments de ce travail. Revus par sainte Chantal dans une assemblée des pre-

(1) L'approbation de ces règles fut délivrée le 9 octobre 1618.

mières mères au mois de mai 1624, ils donnè-
rent naissance au Coutumier; et le Code, ainsi
terminé dans son ensemble, reçut le plus admirable commentaire d'un livre intitulé : *Réponses
de notre très honorée et digne Mère Jeanne-
Françoise Frémiot, sur les Règles, Constitutions et Coutumier de notre Ordre de la Visitation Sainte-Marie* (1). La fondatrice parlait ;
ses filles prenaient secrètement des notes et
rédigeaient des cahiers qu'elles avaient soin de
lui cacher dans la crainte qu'elle ne les brûlât,
circonstance particulière qui fait bien voir la
physionomie de l'institut sous un de ses traits
les plus vigoureux. Il n'y a pas de religieuse
plus humble que la visitandine ; mais, qu'on
nous pardonne ce mot, il n'y en a pas qui soit
plus lettrée, plus fermement attachée à son
ordre, à sa grandeur et à son histoire. Afin de
maintenir entre les membres dispersés de la
même famille la ressemblance et l'unité, saint
François de Sales a voulu que tous les monastères de la Visitation se missent en rapport au
moyen de circulaires marquant les événements

(1) La première édition est de 1632, Paris, un fort vol.
in-8°; une deuxième, « avec table très ample, » parut en 1665.

qui occupent et édifient la communauté :
l'*Abrégé des vies et des vertus des sœurs*. Le
recueil de ces écrits reliés en parchemin forme
dans chaque monastère la plus grande partie
des Annales de la maison, souvenirs intimes et
précieux qui perpétuent la mémoire des premières religieuses, font revivre leur esprit et
entretiennent dans le cloître une.sainte émula-
tion.

C'est encore le pain substantiel dont on
nourrit les novices, et la sœur Madeleine-
Anastasie, bercée au foyer paternel avec l'histoire des chevaliers ses ancêtres, devait goûter
la lecture de ces pages naïves qui lui parlaient
maintenant de ses mères dans la foi.

Elle apportait un esprit vraiment religieux à
tous les exercices de la communauté. Au cours
de cette année 1772, M. l'abbé Papillaud (1),

(1) L'abbé Isaac Papillaud, chanoine depuis 1758, connu
par sa charité envers les pauvres, fut désigné le 23 novembre 1790 pour exercer comme vicaire général la juridiction légitime du chapitre dissous. Incarcéré en 1793,
muni des pouvoirs du cardinal de la Rochefoucauld, il
organisa sous le nom de Mesnard le culte clandestin, et fut
élu vicaire capitulaire en 1800. Mgr Cambacérès le maintint dans les fonctions de vicaire général le 25 juin 1802.

grand pénitencier de la métropole, était venu
prêcher une retraite aux Petites Sœurs ou
sœurs du Petit Habit qui composaient au
nombre d'une trentaine le pensionnat du monastère. Le Saint-Sacrement fut exposé pendant
plusieurs heures à la grille du chœur, et les
enfants firent avec tant de dévotion la rénovation des vœux du baptême que les religieuses,
enviant le bonheur de « ces petits anges », glo-
rifiaient Dieu et se croyaient transportées sur
le Thabor... « Nous descendîmes de la sainte
montagne, disent les *Annales*, animées du zèle
et de l'amour des saints apôtres et désireuses
de suivre Notre-Seigneur jusqu'à la mort... » Il
y avait dans cette cérémonie un avant-goût des
douceurs de la profession religieuse, quelque
chose de la vie cachée en Dieu avec Jésus-
Christ.

La salle du noviciat était située au rez-de-
chaussée, à côté du chapitre qui communiquait
par une porte avec le cloître. On y remarquait
un petit autel de trois pieds environ avec un
retable en chêne, des gradins, deux chandeliers,
un Christ de bois doré devant lequel, toutes les
après-dînées, la sœur Marie-Victoire France

récitait un *Salve Regina* pour saluer Notre-Dame avant d'expliquer un point de la règle. C'est encore au pied de cet oratoire que le mercredi, après Prime, les novices, ayant entonné le *Veni Sancte Spiritus*, venaient deux à deux dire leurs coulpes à la directrice qui leur faisait à ce propos les remarques qu'elle jugeait utiles à leur avancement spirituel. La pièce autour de laquelle régnait une guirlande en peinture couleur bois se trouvait ornée de fort beaux tableaux : Jésus à Nazareth, Jésus au Jardin des Olives, Jésus portant sa croix, saint François de Sales en gloire, enfin la Nativité de Notre-Seigneur qui occupait le milieu du retable, ayant à ses côtés l'Ange gardien et le saint fondateur de l'institut remettant les Constitutions à sainte Chantal. Cette décoration était l'œuvre de la mère Marie-Louise Croiset, célèbre par sa dévotion au Sacré-Cœur (1), et l'on peut dire qu'elle s'était plu à réunir dans

____

(1) Née au sein d'une famille illustrée par ses charges, sœur du président Croiset et du père Croiset, le premier auteur d'un ouvrage sur la dévotion au Sacré-Cœur, elle eut pour maîtresse la mère Louise-Angélique de la Fayette et eut l'honneur de rendre ses services à la reine d'Angleterre Henriette de France, puis à Jacques II et à sa royale

ce nid de l'enfance religieuse les images qui
devaient exciter la ferveur des novices et retracer à leurs yeux les voies de la perfection.
Faire naître Jésus-Christ dans les cœurs, choisir l'Ange gardien pour guide et les règles
pour moyen, travailler comme Jésus-Christ,
souffrir et mourir avec lui pour triompher un
jour dans la gloire, n'est-ce pas l'image parfaite
de la religieuse? Chrétiens auxquels Dieu a
donné l'être, nous sommes tous appelés au
bonheur du ciel, mais tous ne prennent pas
le même chemin. Les uns, et c'est le plus
grand nombre, marchent de loin et se retour-
nent sans cesse : « Ils sont semblables à saint
Pierre, qui, au jour de la Passion, suivait
Notre-Seigneur, et, sans s'approcher, demeura
parmi le reste du monde; aussi il *cuida* se
perdre... Les autres, afin de suivre plus librement et plus avantageusement, oyant la voix
de Celui qui les appelle à sa suite, quittent les

épouse, qui s'étaient retirés au monastère de Chaillot lorsqu'elle en était supérieure. Élue en 1695 par le premier
monastère de Rouen, elle obtint du Saint-Siège des indulgences pour la chapelle de la communauté où la fête du
Sacré-Cœur fut inaugurée avec une grande dévotion en
1697.

richesses et commodités mondaines qui, pour l'ordinaire, nous incommodent tant au chemin du Ciel... O Dieu ! qu'ils sont heureux ! **Le** monde ne les connaît plus, ni eux ne connaissent plus le monde ; ils disent adieu à **toutes** choses pour être sur toutes choses à Dieu... Considérant donc le bonheur **de** ceux-ci, renoncez à tout, embrassez cette si excellente **réso**lution, donnez-vous à Dieu pour cela, offrez-lui votre vie pour cette suite si parfaite... »

C'est ainsi que s'exprime le *Coutumier*, proposant un sujet de méditation aux novices pour le temps qui précède leur profession. La sœur Madeleine-Anastasie avait été reçue le 7 novembre, à la pluralité des voix du chapitre, au rang des sœurs de chœur : elle lisait donc cette page et elle y retrouvait son histoire tracée **par** la main de saint François de Sales. Elle aussi avait entendu celui qui crie : « Venez à moi, vous tous qui prétendez au Ciel ; venez à la source de bénédictions, afin que vous soyez consolés ; venez après moi, prenez votre croix et me suivez. » Elle avait suivi de loin, mais, voyant clairement combien elle était en danger de se perdre, elle avait « quitté tout comme les apôtres, s'attachant au seul soin de plaire à Dieu et voulant que son cœur ne fût partagé ni distrait de la vérité des choses ». Oh! qu'elle était heureuse!

L'année 1772 venait de toucher à son terme et, le temps de sa profession n'étant pas éloigné, Dieu lui prodiguait des grâces extraordinaires et lui inspirait un ardent désir de s'unir à lui. « Que ne puis-je, disait-elle à sa belle-mère, vous persuader de la solidité et sincérité du bonheur que me procure l'état où le Seigneur par sa miséricorde a daigné m'appeler! Si vous pouviez en connaître le prix, vous ne refuseriez pas d'y prendre part en assistant à l'immolation que je compte faire de ma personne et de ma vie aux pieds de son infinie bonté, pour la possession éternelle de laquelle nous sommes uniquement créés. Demandez-lui, je vous prie, qu'il m'accorde toutes les dispositions dont je peux être capable, avec le secours de sa sainte grâce, pour une action si importante. Je lui adresserai aussi mes faibles prières pour qu'il vous comble de ses bienfaits. »

Mais, quel que fût son empressement à consommer son sacrifice, l'idée que se faisait la sœur Madeleine-Anastasie de la sainteté de la vie religieuse lui causait une émotion profonde et lui inspirait le désir d'être entourée par les personnes de sa famille lorsqu'elle prononcerait ses vœux. Aussitôt qu'elle avait connu sa réception, elle s'était empressée d'écrire à son oncle de Marseille afin de l'engager à se rendre auprès d'elle et à lui faire l'honneur de l'assister dans un jour si solennel. La distance, considérable pour l'époque, qui sépare la Provence de la Normandie et les travaux qu'il dirigeait dans sa résidence épiscopale ne permirent pas au pieux évêque d'entreprendre au cours de l'hiver ce lointain voyage, mais il cherchait à deviner le moment précis qui devait unir définitivement à Dieu celle en qui son cœur sentait revivre le sang de son frère : « Il me semble, écrivait-il à la marquise de Belloy, le 14 janvier 1773, que voici à peu près le temps de la Profession religieuse de ma nièce, votre belle-fille. Je présume que vous aurez assisté ou que vous assisterez à cette pieuse cérémonie, et que nous aurons la consolation de savoir que cette enfant se donne à Dieu de tout son cœur et qu'elle sera une sainte religieuse. »

Le 3 février, jour auquel avait été fixée sa profession, la sœur Madeleine-Anastasie vint s'agenouiller au milieu du chœur, à trois pas de la grille, entre la mère Delahaye et l'assistante. Une humble modestie paraissait sur son visage; elle répondit d'une voix intelligible et douce à cette interrogation du célébrant qui, par deux fois, arrête la novice sur le seuil de la vie religieuse :

« — Avez-vous fermement établi en votre cœur, n'étant pas contrainte, mais ayant la liberté de votre volonté de garder obéissance, chasteté et pauvreté à Jésus-Christ Nostre-Seigneur? Car, ma chère Sœur, vos habits du monde vous sont conservés et voicy le voile de la Congrégation; l'un et l'autre vous sont proposés, afin que vous puissiez étendre votre main à celuy que vous voudrez pour le prendre et le choisir.

« — Je me suis volontairement dépouillée des robes mondaines; jamais, Dieu aydant, jamais je n'y retournerai.

« — Vous avez donc bien résolu de vous dédier à Dieu et vivre à jamais ainsi?

« — Je l'ai résolu en mon cœur parce qu'il m'est très bon d'être comme cela. — O Sei-

gneur Dieu, ajoute la sœur de Belloy en joi-
gnant les mains, confirmez-moi à cette heure,
afin que je fasse ce que je vois pouvoir être fait
par votre grâce. Voicy, ô mon Dieu, que je
viens à vous, parce que vous m'avez appelée;
recevez-moi selon votre parole et je vivrai, et
ne m'éconduisez pas de mon attente. »

On ne peut s'empêcher, en lisant ce dialogue
d'un sentiment si élevé et d'une forme si magis-
trale, d'admirer la sagesse de l'Église qui multiplie les précautions à la porte du cloître. Le
salut des âmes et le respect de la Majesté divine
lui commandent également d'éprouver la vocation de ces filles qui vont devenir les épouses de
Jésus-Christ ; aussi n'est-ce pas assez de les faire
attendre un an au noviciat, d'y mortifier leurs
inclinations et leurs sens, de leur montrer partout la croix, d'appeler leur attention sur la
gravité des engagements qu'elles sollicitent : il
faut que la supérieure, interrogée publiquement
par le célébrant, fasse connaître le sentiment
de la communauté et déclare en son nom qu'elle
agrée la nouvelle sœur parce qu'elle la juge capable de pratiquer les vertus monastiques. Sur
ce témoignage, la novice se lève, vient s'age-

nouiller sur le marchepied de la grille, y demeure un peu en silence ; puis, les mains jointes, les yeux baissés, prononce clairement la formule sacramentelle des vœux. A partir de ce moment, le sacrifice est consommé ; elle est, pour ainsi dire, inféodée à la vie religieuse. Et comme, au temps du moyen âge, ces soldats francs qu'on armait chevaliers, pressaient, en symbole de leur profession, le heaume et l'épée dont la poignée est une croix, ainsi la sœur Madeleine-Anastasie va recevoir des mains du prêtre qui les bénit les signes sensibles de son nouvel état. C'est d'abord la croix, la croix d'argent sans crucifix, parce qu'une jeune fille de la Visitation doit être sur la terre crucifiée au monde et clouée « sous le joug de la vraie obéissance ». C'est aussi le voile d'étamine noire qui cachera ses yeux et son front sur lequel devront mourir les amours terrestres et descendre les douceurs de l'amour divin.

Admirable religion qui inspire à ses législateurs de telles cérémonies ! La novice se lève ; elle chante en latin : « *Hæc requies mea!*... C'est ici le lieu de mon repos où j'habiterai tout le temps de ma vie... »

« Ma sœur, lui dit le prêtre, vous estes morte, au monde et à vous-mesme pour ne vivre plus qu'à Dieu. » — Et le chœur répond : *Beati mortui qui in Domino moriuntur.* Aussitôt la sœur Madeleine-Anastasie s'étend la face contre terre ; la supérieure et l'assistante la recouvrent du drap mortuaire et une religieuse récite cette admirable leçon de Job : *Homo natus de muliere*, etc., bientôt suivie du *De profundis*. — Mais cette mort n'est qu'apparente, c'est seulement une image. Heureuses les âmes privilégiées à qui Dieu a donné l'intelligence de ce mystère, qui meurent spirituellement pour entrer avec lui dans une vie plus parfaite, pour ressusciter un jour à l'exemple de leur divin modèle! Le célébrant jette l'eau bénite sur la novice et dit : « Levez-vous, vous qui dormez ; relevez-vous d'entre les morts, et Jésus-Christ vous illuminera. » A ces mots, la sœur de Belloy, dégagée par les deux assistantes, s'approche de la grille et reçoit un cierge allumé des mains du prêtre qui lui adresse les paroles suivantes : « Avancez dans le sentier des justes comme l'aurore resplendissante, et ne cessez d'y croître jusqu'à la perfection du jour. » Elle répond en chantant : « *Dominus illuminatio mea...* Le Seigneur est ma lumière, il est mon salut : qui craindrai-je? Le Seigneur protège ma vie : que pourrai-je regarder avec effroi? »

La voilà donc, cette aurore d'une vie régénérée qui jaillit victorieuse des ténèbres de la mort et qui montera sans défaillir jusqu'à son complet épanouissement : le ciel. La novice a suspendu la croix à son col, elle a disparu sous le voile et donné le baiser de paix à ses compagnes; un chant très doux anime les voûtes de la chapelle et la sainte Liturgie, empruntant au roi-prophète quelques-uns de ses plus beaux élans vers la Jérusalem céleste, fait passer dans l'âme des fidèles l'émotion de la religieuse lorsqu'elle se retire à l'intérieur du monastère, image parfaite de la Cité de Dieu.

Cette cérémonie avait été l'expression d'un grand acte de religion. Or cet acte était un contrat, et tout contrat appelle une signature. Le soir même, la nouvelle professe écrivit sur le *Livre des Vœux* de la communauté la phrase suivante qu'on y peut lire encore tracée de sa main en fins caractères :

« Je Marie-Madeleine-Anastasie de Belloy, ay, par la grâce de Dieu, ce jour d'huï, trois Février, mil sept cent soixante-treize, célébré mes Vœux pour vivre et mourir en la Congrégation de Notre-Dame de la Visitation. Veuille mon Seigneur bénir cette journée et me la rendre profitable pour l'éternité! »

III

Nous savons peu de chose sur les années
qui s'écoulèrent jusqu'au moment où Mme de
Belloy fut placée à la tête de la communauté.
Comment en être surpris? Passer inaperçue,
dérober ses mérites à tout autre regard qu'à
celui de l'Époux céleste, pratiquer à l'ombre du
cloître la vertu d'humilité est le propre d'une
âme d'élite et d'une sainte religieuse; mais
quand le printemps est venu, au détour du sentier, la violette cachée sous l'épine en fleurs
nous jette inconsciemment son parfum; de
même l'intelligence peu commune, la piété rare
de la sœur Madeleine-Anastasie ne pouvaient

échapper aux remarques de ses compagnes, **et**
bientôt elle fut chargée des fonctions de maîtresse des novices qui exigent une connaissance
parfaite du véritable esprit de l'institut. Dieu
marquait d'ailleurs qu'il avait son sacrifice **pour**
agréable en imprimant sur son visage les **traces**
de la souffrance; mais son **caractère** ne devait
jamais se ressentir de la complication des maux
qui s'aggravaient en elle. Ainsi le doux saint
François d'Assise recevait en son corps les stig-
mates de Jésus crucifié.

Parmi les novices qui furent formées à la vie
religieuse par Mme de Belloy, il en est deux
qui méritent d'attirer spécialement l'attention;
elles se nommaient Marie-Benoîte-Austreberte
et Marie-Joseph-Anastasie Hasembergue, et
ces deux sœurs, qui avaient pris ensemble l'habit
religieux, étaient cousines au second degré
de saint Benoît-Joseph Labre (1); mais, « au
dixième jour de leur noviciat, il plut à Notre-
Seigneur d'appeler à lui la plus jeune des deux,

---

(1) Le serviteur de Dieu eut pour marraine Anne-Théo-
dore Hasembergue. Voyez : *Vie de B.-J. Labre, mort à
Rome en odeur de sainteté*, traduite de l'italien de M. Mar-
coni; Paris, Guillot, 1784, in-12, p. 4.

âgée de vingt-cinq ans... Nous avons lieu de croire, rapporte la Circulaire du 8 février 1787, que le divin Époux de son âme, la regardant avec complaisance, l'a jugée digne d'entrer dans la salle du festin des noces éternelles... L'aînée a poursuivi généreusement sa carrière... Puisse cette chère Sœur, en se sanctifiant au milieu de nous, nous attirer de plus en plus la protection du Vénérable serviteur de Dieu, son parent, qui, dès l'instant de sa mort, a semblé se rendre un des protecteurs singuliers de notre Communauté qui a pour lui la plus grande vénération et confiance. » C'est ainsi que, par l'effet d'une affinité spirituelle, le culte du saint mendiant qui commençait à se répandre allait trouver dans la chapelle de la rue Beauvoisine un de ses premiers foyers.

On touchait au printemps de 1787, et, le second triennat de la mère Delahaye arrivant à son terme, il fallait, suivant la règle, procéder à la nomination d'une nouvelle supérieure. Le 22 mai, la très honorée mère de Belloy fut élue capitulairement en présence de M. l'abbé de Saint-Gervais, père spirituel de la communauté, vicaire général et haut doyen de l'Église de

Rouen, qui confirma son élection (1). Avec une santé chétive, elle devait suffire à des travaux étonnants : avec des ressources médiocres, faire face à des dépenses imprévues ; mais elle était secondée dans cette tâche par ses conseillères, notamment par les vénérables déposées, les mères de Goderville (2) et Delahaye ; cette dernière avait accepté les fonctions difficiles d'économe et toutes trois « ne faisaient qu'un seul et même cœur pour la sanctification et l'édification » de la communauté. Elle-même d'ailleurs avait par excellence ce que saint Vincent de Paul appelle « le zèle organisateur ». Elle était à peine en charge que sa sollicitude fut mise à l'épreuve par la rupture d'un fort sommier sur lequel reposait le dortoir des religieuses. On

(1) Jacques-François-Augustin Carrey de Saint-Gervais, docteur de Sorbonne, chanoine en 1749, doyen du chapitre en 1785, vicaire général en 1790, protesta le 28 décembre contre la suppression de sa compagnie, fut emprisonné sous la Terreur et passa ensuite en Angleterre, de là à Maëstricht, puis en Westphalie avec l'abbé Baston ; premier vicaire général et doyen du nouveau chapitre en 1802, il mourut, âgé de quatre-vingts ans, le 27 octobre 1803.

(2) Elle était fille de Nicolas-Charles-Auguste Roussel, baron de Goderville, qui avait épousé le 17 mars 1725 Geneviève Chuppin de Montulé.

s'en aperçut heureusement à la chute du lambris qui le recouvrait dans une jolie chapelle où le culte de saint François de Sales et celui de la bienheureuse mère de Chantal avaient été réunis en faisant peindre la sainte sur le tableau du rétable recevant les Constitutions des mains de l'évêque de Genève. On ne manqua pas de regarder « comme un effet de leur protection » le signe qui avait permis d'apercevoir un dan-ger imminent, et deux fortes sous-glaces ajus-tées avec adresse relevèrent le plancher sur lequel portaient les cellules ; comme on pouvait craindre la rupture des autres sommiers qui soutenaient le grand dortoir dans une grande et magnifique galerie de plus de dix-neuf toises de longueur, on mit dessous de fortes chandelles afin de supporter la charge ; « travail encore très imparfait, ajoute la circulaire du 28 no-vembre 1787, mais qui suffit actuellement pour éviter le danger évident dont nous étions menacées depuis plusieurs années et qu'à peine voulions-nous croire par le désir d'éviter les dépenses nécessaires à cet effet. Plaise à la Providence du divin Cœur de Jésus nous fournir de quoi y pourvoir : nous nous y adressons journellement pour en obtenir secours... »

Si, comme on vient de le voir, la mère de Belloy excellait dans l'office de Marthe, elle n'apportait pas moins de vigilance à remplir dignement le rôle de Marie, et le 19 mai 1789, quand l'abbé de Saint-Gervais, père spirituel, accompagné de M. Flouest, confesseur des religieuses, se présentait à la grille du chœur pour faire la visite canonique, l'exhortation qu'il adressait au chapitre après l'examen des sœurs était pleine de mansuétude pour la gardienne du véritable esprit de l'institut :

« Dans l'obligation où je suis, dit-il, de commencer l'exercice de ma supériorité par un acte de sévérité en faisant, ainsi que vos saintes Règles m'y obligent, la revue exacte de votre fidélité, il est bien consolant pour moi de n'avoir que des paroles de paix et d'encouragement à vous porter, cette maison estant dans un très bon ordre de régularité et dans l'exercice fidèle et édifiant de ses devoirs religieux... »

Un trait fera ressortir ce zèle apporté par la mère de Belloy « à nourrir ses filles du froment le plus pur, à les rassasier du miel de la pierre (1). » Sa santé déjà chancelante s'était altérée davantage, malgré les efforts de la sœur Catherine-Cécile d'Esmalleville de Panneville pour lui épargner le surcroît de labeur inhérent à la supériorité. Elle redoutait que le bien de la communauté n'en souffrît; d'autre part, toujours en crainte d'innover, elle était indécise sur la façon dont se pratiquent certains usages et certaines coutumes à l'intérieur de la clôture. Dans le trouble qui l'agitait, l'idée lui vint de s'adresser à ce monastère d'Annecy qui passe, à raison de son origine, pour avoir conservé dans sa pureté primitive l'esprit des saints fondateurs; les religieuses de la Visitation se servent d'un nom pour le désigner : elles l'appellent « la Sainte Source ». La mère de Belloy se tourna de ce côté, comme le pilote incertain lance un appel au phare qui lui envoie sa lumière, et la réponse qu'elle reçut est curieuse par certains petits détails qu'on y trouve sur la vie intime des religieuses : « Nous avons bien prié pour vous, — c'est la mère Amédée du Noyer qui parle, — pour votre réta-

(1) Ps. LXXX, v. 15.

blissement et pour votre Communauté, afin que le Seigneur y maintienne le véritable esprit de notre saint état.

« Nous allons, chère Mère, répondre tout naïvement aux questions que vous nous faites ; nous le ferons avec d'autant plus de confiance que nous sommes enchantées de votre sincérité : nos jours de récréation (il s'agit des récréations extraordinaires) sont les trois jours de carnaval, Dimanche, Lundy, Mardi gras, et encore le Jeudi gras, un jour que l'Économe donne un petit régal pour la Raine... un petit goûter à la Sainte-Catherine... Notre récréation ces jours-là consiste à parler dans le tems du silence de l'après-midy, et à faire quelque petit exercice pour s'amusé ; l'on y chante bien aussy quelquefois des couplets joyeux, et voilà tout. Mais on ne sort pas des récréations et assemblées en Communauté, ny l'on se donne rien les unes aux autres sans permission : dès que Votre Charité veut notre sentiment à cet égard, je vous avoue franchement que les jours cy désignés nous semblent bien suffisens, et que vous ferez très bien de supprimé ce qui vous paraît de trop, étant dangereux que cette liberté ne préjudicie à l'esprit intérieur dont nous faisons profession dans notre Saint État, et qui doit particulièrement caractériser les filles de la Visitation.

« Pour la manière de baisser le voile aux parloirs, nous avons l'usage d'avancer très bas son voile au devant, et ainsi on est à couvert de la vue des hommes et est beaucoup moins embarrassant. Pour les femmes, l'on le doit lever tout à fait, à moins qu'il n'y eut des hommes avec elles, alors il le faut tenir comme nous avons dit. Lorsqu'on a des hommes, soit médecin, soit ouvriers dans le Monastère, l'on fait de même puisque la Règle ne met point d'exception avec ces personnes qui entrent, et que pour les ouvriers, il est quelquefoy nécessaire de voir leurs ouvrages ; la Supérieure peut plus librement donner permission selon les circonstances de le tenir à moitié baissé.

« Pour les tapiceries dans la chambre des pensionnaires, nous ne l'avons jamais permis... nous ne le souffririons jamais dans nos Maisons, où la simplicité doit être gardée par tout, et je vous avoue, ma chère Mère, que je me ferais une délicatesse de conscience de coucher dans une chambre tapissée.

« Nous prenons toute la part possible au dérangement de votre santé, et ne manquerons point d'offrir nos vœux au Seigneur pour votre rétablissement et conservation; car, ma chère Mère, elle nous est bien précieuse à tous égards, mais malgré votre délicatesse il nous paraît qu'avec une bonne assistante, vous pouvez continuer dans la charge où la Providence vous a placée. J'avoüe que le poid en est bien plus pesant dans un état de souffrance, mais le mérite en sera aussy plus grand aux yeux du souverain rémunérateur; le saint zèle que vous avez pour maintenir nos saintes Observances dans votre méritante Communauté prouve bien que votre choix vient de Dieu. Ainsi soyez persuadée qu'il en tirera sa gloire. »

Ce zèle dont parle si justement la supérieure d'Annecy éclatait dans les moindres détails : prière, travail, récréation, calme des nuits, la mère de Belloy donnait tout.

Un soir qu'elle reposait déjà, dans son premier sommeil, elle entend frapper à la porte de sa cellule : c'était une sœur pusillanime que tourmentait un scrupule de conscience. Vite elle se relève, pose la coiffe de jour sur sa tête, et la voilà en demeure d'écouter la pauvre fille qui part tranquille et consolée. C'est qu'il y avait plaisir, rapportent les anciennes sœurs, à être repris par elle; la bonté était peinte sur son visage, et ce don de plaire sans effort, cette autorité facile et aisée, sans âpreté comme sans faiblesse, dont la règle fait une obligation pour la supérieure, était une faculté naturelle à cette mère, héritage de famille qu'elle partageait avec son grand-oncle, le doux évêque de Marseille; « aussi donnait-il à sa chère nièce, dit encore la circulaire du 28 novembre 1787, les plus tendres assurances d'un attachement que nous osons dire lui être dû avec justice, pouvant assurer... que les grandes qualités de l'esprit et du cœur du digne Prélat font le caractère distinctif de notre vraie Mère... »

Trois années s'écoulèrent ainsi dans la quiétude de la vie conventuelle; mais on était en 1790, et déjà l'avenir s'annonçait menaçant pour l'existence des monastères. Le samedi après l'Ascension, la très honorée mère de Belloy s'étant mise à genoux, dans le chœur, en présence du chapitre, déposa la supériorité ; puis, ayant fait sa coulpe à haute voix des fautes commises en sa charge, elle vint se retirer à la dernière place. Le jeudi suivant, qui était le 20 mai, la communauté se réunit pour l'élection future.

Il est difficile d'imaginer un acte à la fois plus simple et plus imposant : c'est qu'ici les ambitions humaines ne sont point en jeu ; on ne poursuit pas à travers les intrigues un honneur de la terre. Dieu seul est le but et le mobile. Écoutons ce que dit la Constitution XLVII : « De laquelle élection, ni de la déposition faite, les Sœurs ne parleront point ès récréations, ni ès assemblées ; ains une chacune pensera à faire l'élection qu'elle estimera être meilleure selon Dieu... » Au milieu du chœur se trouvait une table avec du papier, de l'encre et de la poussière. Les sœurs s'étant toutes retirées, l'assistante rentra, se mit à genoux, fit le signe de la croix et écrivit sur un bulletin le nom de celle qu'elle voulait élire ; l'ayant ensuite plié, elle sortit ; puis toutes les sœurs, l'une après l'autre, firent de même.

La mère de Belloy était élue ; et « sans qu'il

lui fût loisible ni de refuser, ni de s'excuser, ni
de dire des belles paroles », s'étant agenouillée,
elle fit la profession de foi et fut aussitôt confirmée en sa charge par M. l'abbé de Saint-
Gervais; après quoi elle vint s'asseoir à la place
de la supérieure où toutes les sœurs successivement lui vinrent baiser la main à genoux.

La joie de la communauté était vive et sincère : elle l'exprime le 18 août à toutes les
maisons de l'ordre; mais comme le ton de cette
circulaire apparaît déjà mélancolique et réservé!
Comme il laisse entendre les alarmes de l'heure
présente et le premier souffle de la tempête qui
va disperser le petit troupeau! « Il nous aurait
été bien doux, dit la circulaire, d'entrer dans
le détail de tout ce qui nous intéresse; mais la
variation continuelle des événements qui nous
touchent de plus près, nous engage de nous
borner en ce moment à nous unir à tout l'Institut pour obtenir de Dieu les grâces dont il a
besoin, ainsi que tout le Royaume... » Puis,
arrivant à l'élection de la très honorée mère de
Belloy, la lettre ajoute : « Joignez-vous à nous,
nos intimes Sœurs... pour obtenir de la divine
miséricorde la grâce de nous la conserver; le

poids de la supériorité devient de plus en plus pénible; nous trouvons, après Dieu, dans son courage, sa vertu et la prudence de ses conseils, notre force et notre espérance... »

C'est la même note doucement résignée qui perce dans l'exhortation de M. l'abbé de Saint-Gervais au chapitre, quand il vient faire, le 24 août, la visite canonique du monastère, la dernière de toutes avant la Révolution; méditant les paroles du grand Apôtre : « La volonté de Dieu est notre sanctification, » il s'exprime en ces termes : « En vain, mes chères Sœurs, ferions-nous des miracles, en vain serions-nous appelées à la plus haute perfection si nous ne sommes soumises à la volonté de Dieu... » Et, continuant avec saint Paul, il termine par cette phrase : « Mes chers enfants, je suis rempli de consolation, j'ay le cœur comblé de joie de voir que vous avez profité de la grâce qui vous a été offerte. »

IV

Le poids de la supériorité revenait donc à la mère de Belloy à l'heure même où des événe ments mémorables allaient ébranler dans ses fondements le vieil édifice de la France. Un vent de liberté soufflait de tous les coins du royaume et donnait un fallacieux prétexte pour tout renverser. L'esprit nouveau débordait dans la législation. Le 13 février 1790, l'Assemblée nationale avait décrété « que la loi ne reconnaissait plus de Vœux monastiques solennels; qu'en conséquence, les Ordres et

Congrégations réguliers dans lesquels on fait de pareils Vœux étaient et demeuraient supprimés, sans qu'il pût en être établi de semblables à l'avenir: que tous les individus de l'un ou de l'autre sexe existant dans les Monastères et Maisons religieuses pouvaient en sortir en faisant leur déclaration devant la municipalité du lieu et qu'il serait pourvu à leur sort par une pension convenable ».

Les administrateurs du directoire du district de Rouen ne furent pas longtemps à exécuter cette ordonnance. Le 2 septembre 1790, MM. Debonne père et Goube (1) se présentèrent au premier monastère de la Visitation, rue Beauvoisine, et furent reçus par la mère de Belloy, supérieure en charge, qui dut leur laisser franchir la clôture. Après avoir procédé

(1) Ignace-Joseph-Casimir Goube, commerçant, rue de l'Hospice, né à Valenciennes le 15 février 1750, entra au district le 29 juillet 1790. Nommé maire de Rouen par arrêté du représentant Casenave le 15 germinal an III, 4 avril 1795, il rétablit l'ordre dans les affaires, le calme dans les esprits, devint receveur général de la Seine-Inférieure, et publia une histoire du duché de Normandie encore estimée. Rouen, 1815, 3 vol. in-8°.

Debonne était ci-devant échevin, juge-consul et conseiller-quartenier de la ville.

à l'inventaire du mobilier, ils arrêtèrent le registre des émissions de vœux, conformément aux lettres patentes du roi du 19 février, après quoi ils se transportèrent au chapitre pour y recevoir les déclarations des religieuses. Nous croyons qu'il n'est pas sans intérêt de reproduire ce document; à plus d'un siècle de distance, il n'a rien perdu de son actualité et les annales des confesseurs de la foi ne contiennent pas d'affirmations plus saisissantes.

Voici cet interrogatoire :

« S'est présentée Mme Madeleine-Anastasie de Belloy, supérieure, âgée de 46 ans, de profession 17 ans, laquelle a déclaré ne vouloir profiter de la liberté que les décrets lui accordent que pour se dévouer plus particulièrement à la vie religieuse qu'elle a embrassée et dans laquelle elle désire vivre et mourir. Ce qu'elle a signé : Sœur Madeleine-Anastasie DE BELLOY, supérieure.

« S'est présentée Mme Catherine-Cécile d'Esmalleville, âgée de 71 ans, de profession 52 ans, laquelle a déclaré vouloir vivre et mourir dans la communauté. Ce qu'elle a signé...

« S'est présentée Mme Catherine-Angélique Delahaye, âgée de 66 ans, de profession 44 ans, laquelle a déclaré vouloir continuer dans la vie monastique les vœux qu'elle a formés, parce qu'elle n'en trouve pas de plus heureux et qu'elle souhaite y vivre et mourir, et que toutes celles qui pensent de même puissent avoir la même facilité. Ce qu'elle a signé... »

Viennent ensuite les sœurs Catherine-de-Sales Desportes, Marie-Anne Roussel de Goderville, Marie-Euphrasie Grandin de la Gaillonnière, dont les affirmations plus brèves ne sont pas moins énergiques.

La sœur Thérèse-Henriette Le Moyne déclare de même « être contente de son état et vouloir vivre et mourir dans sa communauté (1) ».

La sœur Marguerite-Séraphine Vallet entend bien aussi « ne pas vouloir profiter des décrets

(1) Baptisée le 29 février 1740 en l'église Saint-Cande-le-Jeune de Rouen, elle appartenait à la meilleure bourgeoisie de cette ville. Son père était administrateur de l'Hôtel-Dieu. Barthélemy le Couteulx de la Norais, son oncle maternel et son parrain, avait été prieur et juge-consul.

et rester dans sa communauté ». De même les sœurs Jeanne-Charlotte Le Sueur et Madeleine-Angélique Maillard.

Mais voici qu'une religieuse élève tout à coup la voix en des termes d'une si haute éloquence, prononçant contre la liberté qui lui est offerte un réquisitoire si remarquable, qu'il nous faut revenir au texte même du procès verbal :

« S'est présentée Mme Marie-Félicité Satis, âgée de 45 ans 1/2, de profession 22 ans, laquelle a déclaré ce qui suit et dit : qu'étant très persuadée qu'on n'avait pas le pouvoir de rompre les liens qu'elle a contractés avec le Seigneur son Dieu, à la face du Ciel et de la terre, mais quand elle serait assurée du contraire, voici sa réponse :

« Je n'ai pris cet engagement qu'après cinq
« ans de délai dans le monde et deux ans
« d'épreuves dans la religion. Je l'ai donc fait
« avec connaissance de cause, dans toute la
« joie de mon cœur; présentement que j'ai
« éprouvé de toute manière la fidélité, l'amour,
« la magnificence même de mon Époux Jésus,
« au delà de ce que je pouvais penser et espé-
« rer, je voudrais avoir dix mille vies pour les

« lui sacrifier de nouveau et consacrer à son
« service. Et comme j'ai reçu toutes ces grâces
« comme membre de l'église catholique, apos-
« tolique et romaine, j'ai aussi toute sorte de
« reconnaissance et de vénération pour elle et
« je veux lui être attachée jusqu'au dernier
« soupir de ma vie. Ce que j'ai signé :

« Sœur Marie-Félicité SATIS (1). »

On se demande quelle contenance durent
faire les commissaires en recueillant de telles
dépositions et comment ils osèrent les consigner
tout au long dans leur procès-verbal.

Je n'oublierai pas la sœur Thérèse-de Sales
Devausse, « laquelle a déclaré connaître toute
la perfection de son état et qu'elle désire s'y
consacrer de nouveau pour la vie entière ; » ni
les sœurs Jeanne-Françoise Ancel, Marie-Madeleine Delacroix (2), Luce-Aimée Cavelier ;

(1) Cette religieuse paraît avoir une origine fort modeste.
Nous en dirons autant de la mère Delahaye, « fille de Jacques
De la häye, » baptisée le 11 mars 1724 à Saint-Jacques de
Dieppe par Mᵉ Pierre Bellamy, prêtre, son oncle et son
parrain, qui la nomma Catherine-Marguerite.

(2) Aimée-Hortense Delacroix avait été baptisée le
5 janvier 1752 à Saint-Jean d'Elbœuf ; son père était marchand drapier dans cette ville.

ni vous non plus, ô sœur Héloïse-Reine-Per-
pétue Dusaussay! Vous étiez en quelque sorte
prédestinée par votre nom « à vouloir resserrer
de plus en plus les liens qui vous attachaient à
Dieu ».

La note de ce dialogue ne pouvait se maintenir jusqu'au bout à un pareil diapason; et si
l'on excepte la sœur Anne-Dominique Wollaston, âgée de cinquante-huit ans, de profession
six ans, laquelle déclara « vouloir persister
dans son état jusqu'à son dernier soupir (1) »,
les autres religieuses employèrent, à quelques
nuances près, la même formule pour traduire
la fidélité de leurs engagements : « L'amour n'a
qu'un mot (2). »

Nous consignerons ici leurs noms dans
l'ordre où ils figurent au procès-verbal.

RELIGIEUSES CHORISTES :

Mmes Marguerite-Angélique Satrain, 35 ans 1/2.
— Madeleine-Victoire Thieullen, 38 ans.
— Marie-Anne de l'Estendart, 38 ans 1/2.

(1) Née à Londres de Nicolas Wollaston, écuyer, et
d'Anne Shipman, elle était veuve de Leathes Johnston,
écuyer et capitaine d'infanterie.
(2) LACORDAIRE. *Vie de saint Dominique,* ch. VI.

Mmes Charlotte-Emmanuel Guérard, 37 ans.
— Louise-Thérèse Grandin de Mansigny, 42 ans.
— Arsène-Angélique Ango de Lézeau, 34 ans 1/2.
— Marie-de Chantal Toustain, 57 ans 1/2.
— Louise-Françoise Adam, 30 ans 1/2.
— Marie-Anne-Adélaïde Bellanger, 35 ans.
— Marie-Emmanuel Heurtaut, 25 ans.
— Marie-Anne-Dominique Wollaston, 58 ans.
— Françoise-Rosalie Joly, 28 ans 1/2.
— Hélène-Angélique Charles de la Blandinière, 36 ans.
— Constance-Elisabeth Delalonde, 41 ans.
— Joseph-Anastasie Hasembergue, 32 ans.
— Constance-Angélique Desmares de Trébons, 24 ans.
— Reine-Julie Rasse, 20 ans et 4 mois.
— Thérèse-Augustine Revel, 26 ans 1/2.
— Marie-Michel Jouet, 20 ans.
— Marie-Gabriel Letellier, 26 ans.

SŒUR AGRÉGÉE :

M^ne Marthe Laurent, 65 ans.

SŒURS CONVERSES :

Srs Madeleine-Marie Hébert, 66 ans.
— Marie-Marguerite Papelard, 58 ans.
— Charlotte-Elisabeth Sellier, 43 ans 1/2.
— Anne-Geneviève Pinard, 40 ans.
— Marie-Marthe Godefroy, 39 ans.
— Marie-Hélène Ternon, 33 ans 1/2.
— Françoise-Thérèse Osmont, 36 ans.
— Madeleine-Joseph Naasse, 37 ans 1/2.
— Marie-Clotilde Poulain, 24 ans.

CONVERSE NOVICE :

D^lle Rose Vallée, 30 ans, « laquelle désire rester avec la grâce de la communauté ».

SŒURS TOURIÈRES :

Sr Marie-Catherine Bizet, 41 ans.
— Marie-Anne-Mélanie Redon, 26 ans 1/2.

Après cet interrogatoire et la communauté rentrée, les commissaires arrêtèrent le procès-verbal ; il remirent les objets décrits dans l'inventaire à la garde de la supérieure et de son conseil, puis ils se retirèrent sans entendre la sœur Marie-Thérèse Chalmette qui était à l'infirmerie « dans un état agonisant ». Elle expira deux jours après, le 4 septembre, en présence de la très honorée mère de Belloy. « La lampe de cette vierge sage, nous disent les Annales, était remplie de l'huile des bonnes œuvres, quand l'Époux vint frapper à sa porte. Elle n'avait cessé de l'entretenir par le feu de la divine charité ! » Après sa mort, on trouva dans ses écrits l'expression des sentiments qui l'animaient : « Ma retraite intérieure sera dans les bras de Jésus-Christ mourant et sur sa Croix pour y être toute couverte des humiliations que je mérite, et des mérites qu'elles tirent de l'union avec celles de mon Sauveur crucifié, couvert d'ignominies... tâchant de demeurer inconnue,

méprisée et humilliée, m'oubliant, m'humiliant
et me méprisant moi-même en toutes choses. »
Comme la mère de Belloy si bien faite pour
lui suggérer une fin bienheureuse, elle voyait
son état d'infirmité s'accroître depuis plusieurs
années, et, à son exemple, elle avait pris cette
devise : « Allons, mon âme, vie de langueurs,
vie d'amour et de souffrance, c'est là votre
destin! »

Les jours s'écoulaient : la communauté était
revenue à ses pieux exercices. Le 21 novembre,
fête de la Présentation de Notre-Dame, les
religieuses devaient renouveler solennellement
leurs vœux, ainsi que le prescrivent leurs
constitutions; mais la loi du 13 février 1790 ne
permettait plus de le faire à haute voix, et, le
12 novembre, la question avait été portée avec
emphase devant l'assemblée du district : « Sur
l'avertissement donné à l'un de Messieurs que,
dans toutes les maisons religieuses de femmes,
les Abbesses et Prieures se proposaient le
21 du courant de donner à la cérémonie de la
rénovation des vœux un appareil propre à
alarmer les consciences et contraire à l'esprit
de la Constitution qui ne reconnaît plus de

vœu perpétuel, le Directoire, M. le Procureur-Syndic entendu, fut d'avis d'informer l'administration du Département de ces dispositions propres à rendre illusoire le vœu de la loi, et à influer sur la détermination de la plus part des religieuses. » Séance tenante, « M. Bouvet voulut bien se charger de rédiger le model de la lettre, laquelle fut envoyée à sa destination (1). »

Le département ne se le fit pas dire deux fois, et, le 16 novembre, il écrivit aux municipalités pour « les inviter de prévenir les communautés, que les Décrets s'opposaient à la cérémonie (2) ».

Par un de ces élans que la piété seule inspire, la supérieure réunit ses filles autour d'elle et leur suggéra la pensée d'accomplir en leur particulier, mais avec une ferveur plus vive, l'acte de rénovation que les pouvoirs publics prohibaient. Chacun de nous n'a-t-il pas dans son cœur une vie intime qui échappe aux atteintes des hommes? *Vita vestra est abs-*

____

(1) Pascal Bouvet, avocat depuis 1753, syndic en 1789, voudra bien aussi présider le département pendant la Terreur.

(2) Arch. départ., registres du district et du département.

condita cum Christo in Deo (1). Et qu'elles sont vaines les lois qui croient pouvoir empêcher ce dialogue du Créateur avec sa créature !

A ces souffrances morales venaient s'ajouter des privations d'un autre ordre. On commençait à manquer des ressources nécessaires à la vie. Les biens avaient été séquestrés, les sœurs ne touchaient plus les revenus du monastère et elles ne recevaient pas encore la pension ecclésiastique que le législateur leur allouait comme indemnité de dépossession. Le 3 janvier 1791, la mère de Belloy écrit aux administrateurs du district : « Les Religieuses du Premier Monastère de la Visitation Sainte-Marie vous représentent qu'ayant vécu à peine sur leur revenu borné d'onze mil trois cens livres pour la nourriture et l'entretien d'une Communauté composée de près de soixante personnes, elles se trouvent dans un extrême besoin, n'ayant pas reçu dès le terme de la St Michel une partie de leur revenu, et à ce présent terme de Noël, il leur est dû sur iceluy la somme de cinq mil livres.

« Qu'il vous plaise donc, Messieurs, leur

(1) Coloss., III, 3.

accorder de quoi pourvoir à leur subsistance
en attendant qu'elles reçoivent leur traitement (1). »

Cette lettre fut sans doute remise aux officiers municipaux Deschamps et Belhoste (2)
quand ils se présentèrent ce même jour, 3 janvier 1792, rue Beauvoisine pour exécuter la loi
promulguée le 14 octobre de l'année précédente.
Les articles 14 et 15, titre II, imposaient aux
administrateurs de district l'obligation « de
dresser un état des religieuses dans l'ordre des
dates de profession et de prendre la déclaration
de chacune d'elles en particulier si elle entendait sortir de la Maison, ou si elle préférait de
continuer la vie commune ».

Les commissaires interrogèrent en premier
lieu la vénérable assistante, « d^e Marie-Anne-

(1) Arch. départ.

(2) Pierre-Nicolas Belhoste, esprit sectaire, membre du
district en 1792, faisait partie de l'administration centrale
renouvelée les 9 brumaire et 9 nivôse an II. Procureur
général-syndic le 21 germinal, il ne semble pas avoir été
compris dans l'organisation de brumaire an IV ; mais, le
22 fructidor an V, il fut réélu administrateur et parvint à
la présidence du département qu'il occupait encore en 1800.
Pierre-Etienne Deschamps, négociant, rue Martainville,
était un modéré.

Françoise d'Esmalleville (1), dite en religion Catherine-Cécile, religieuse professe de la dite Communauté, y ayant fait profession le 1er Mars 1738, alors âgée de 19 ans, laquelle déclara que son intention était de vivre et mourir dans la règle qu'elle avait embrassée et la Maison qu'elle avait choisie. Ce qu'elle signa après lecture faite. »

Les autres religieuses interpellées successivement employèrent la même formule. Seule la mère de Belloy, qui fut interrogée la seizième, ajouta ces paroles : « ayant toujours considéré que la vie religieuse est la source du plus parfait bonheur (2). »

Après avoir arrêté ce premier procès-verbal, les officiers municipaux renvoyèrent la séance au lendemain pour procéder à l'élection d'une supérieure et d'une économe conformément à

(1) Elle était fille de Robert Vincent, seigneur et marquis d'Esmalleville de Panneville, baron de Fréville et de Carville, etc., ancien capitaine dans le régiment Royal-infanterie, qui avait eu la jambe emportée en 1703 à la bataille de Spire et s'était marié en 1709 à Marie-Barbe-Ursule de Bec-de-Lièvre, fille du président à mortier du parlement de Rouen. Robert Ier avait suivi saint Louis en Palestine.

(2) Arch. municipales. N° 73, A, 2e section.

l'article 26, titre II, de la loi précitée ; et, s'étant rendus au chapitre, ils invitèrent la supérieure alors en charge à convoquer sous leur présidence les religieuses qui avaient déclaré l'intention de rester en communauté. Fallait-il obéir? Se soumettre, c'était, à ce qu'il semble, violer les saintes constitutions, manquer à la loi d'obéissance qui plaçait régulièrement le monastère sous l'autorité légitime de la mère de Belloy pour trois années à compter du 20 mai 1790 ; et, d'autre part, procéder à une nouvelle élection conforme à la première, n'était-ce pas manifester au grand jour le contentement, l'indépendance de la vie claustrale où des révolutions pacifiques s'opèrent sous le régime de la liberté? Le second parti parut le plus sage, et ce dut être un émouvant spectacle que celui de ces religieuses venant une à une, et le voile demi-baissé, remettre leur bulletin aux représentants de l'autorité civile. La mère de Belloy fut élue supérieure et la mère Delahaye économe par quarante-quatre voix sur quarante-six suffrages (1).

La situation de ces religieuses qui venaient

______

(1) Arch. municipales. N° 73, A, 2ᵉ section.

d'affirmer leur désir de continuer la vie commune était alors si précaire qu'elle finit par émouvoir la pitié du directoire du district. Ne pouvant présenter immédiatement l'état exact des revenus qui devaient servir de base à leur traitement, il crut nécessaire « d'intéresser l'administration à leur position affligeante et de la déterminer à accorder une provision pour les mettre à même de subvenir aux nécessités les plus pressantes que leur faisait éprouver l'état de détresse dans lequel elles se trouvaient (1) ». Le 24 janvier, une ordonnance leur alloua une somme de 1,800 livres à valoir sur leur pension future.

Un troisième procès-verbal, arrêté le 26 février par les commissaires du district, dressa le compte des recettes et dépenses de la communauté et constata qu'elle se composait de trente-sept religieuses de chœur et de douze religieuses converses ou sœurs données.

Le traitement annuel des premières fut fixé à 239 liv. 5 s. 2 d. et celui des dernières à 119 liv. 12 s. 8 d. (2). Cette somme était dérisoire. Une

(1) Arch. départ.
(2) La loi du 8 octobre 1790 fixait le traitement des

fois de plus, la supérieure et ses conseillères élèvent la voix :

« Parmi les 49 personnes, écrivent-elles le 1ᵉʳ mars aux administrateurs du district, une partie est faible de santé, l'autre partie est infirme ou âgée et par conséquent peu propre à supléer par leur travail à la modicité du traitement cy-dessus.

« Avant le nouvel ordre de choses, les dots qu'elles recevaient annuellement procuraient à la Communauté les ressources nécessaires pour compléter la subsistance la plus économique. Son pensionnat autrefois plus nombreux qu'il n'est à présent et qu'il ne pourra être par la suitte était encore pour elles un moyen de subsistance ; mais maintenant elles se trouvent réduittes uniquement au traitement modique qui vient d'être fixé d'après ses revenus fon-

---

religieuses à sept cents livres pour celles du chœur et à trois cent cinquante livres pour les converses ; mais, dans les maisons dont les revenus bien établis par l'inventaire n'arrivaient pas à ces chiffres pour chaque tête, on abandonnait aux religieuses la totalité de ces revenus sans complément, et elles vivaient alors comme elles pouvaient. L. SCIOUT, *Hist. de la Constitution civile du clergé*. Tome I, p. 289 et 290.

ciers, et le District reconnaîtra aisément qu'il ne peut suffire pour les charges dont elle reste grévée; tels que : frais de culte, frais de maladies, entretien des bâtiments et autres dépenses nécessaires surtout dans une grande ville où elles sont toujours plus chères que partout ailleurs.

« Ceci considéré, la dite Communauté ose espérer de l'humanité de Messieurs les Administrateurs du District qu'ils ne refuseront pas de porter le traitement annuel de chacune des dites Religieuses de Chœur jusqu'à 300 livres et celui des converses et Sœurs données à 150 livres, ainsi qu'il est laissé au pouvoir de MM. les Administrateurs par l'article 5 et 6 du Titre II du Décret sur le traitement des Religieuses.

« Cette augmentation demandée ne paraîtra peut-être pas à Messieurs les Administrateurs une surcharge réelle pour la Nation, s'ils veulent bien considérer que tous les biens-fonds du dit Monastère sont susceptibles d'augmentation dans les baux futurs, surtout ceux de campagne, qui, par la suppression de la dîme, peuvent être portés à 1/4 ou 1/5 en sus des baux actuels. Si les raisons cy-dessus ne paraissent pas de nature à lever tous les obstacles à la demande de la dite Communauté, elle aurait encore la confiance de l'obtenir de la générosité et de la compassion de Messieurs les Administrateurs (1). »

Cette requête, conçue avec une netteté d'expression si remarquable, frappa vivement les membres du district, car, le 7 mars, ils la transmirent au directoire du département en émettant l'avis qu'elle leur paraissait fondée, et, le 21 du même mois, un arrêté portait le traitement des religieuses à 300 et 150 livres, selon leur rang. Cette décision leur donnait droit de percevoir à chaque terme ou « quartier » la somme de 2,887 livres 10 sols, et, comme elles avaient déjà touché 1,800 livres de provision, une ordonnance de 1,087 livres 10 sols leur fut délivrée à titre de complément. C'était assurément bien peu de chose pour subvenir pendant trois mois aux besoins d'une communauté de quarante-neuf personnes, mais on aurait tort de méconnaître les sentiments d'équité et d'humanité dont les administrateurs rouennais avaient

(1) Arch. départ. de la Seine-Inférieure.

fait preuve en cette circonstance : le trésor était vide ; on cherchait, autant que possible, à réduire le chiffre des pensions ecclésiastiques, et, dans certaines localités, le refus du serment, la moindre résistance aux lois servait de prétexte pour les supprimer.

Pendant combien de temps les religieuses de la Visitation purent-elles bénéficier de l'avantage qui leur était offert? Il serait bien difficile de l'établir d'une façon précise ; cependant il paraît probable que le traitement leur fut servi jusqu'aux mauvais jours de la Terreur, car le 22 septembre 1792, à la séance du conseil général de la commune, il est donné lecture d'une lettre du ministre de l'intérieur par laquelle il annonce que la loi qui supprime les congrégations séculières ayant exempté les femmes auxquelles l'État accorde une pension de justifier de leur serment, les receveurs des districts ne sont pas dans le cas d'exiger d'elles qu'elles en produisent un extrait : ce que l'assemblée municipale arrête aussitôt de notifier aux religieuses domiciliées en ville (1).

(1) Reg. des délibérations. Arch. mun.

Au dehors les événements se précipitaient avec une effrayante rapidité. Le 4 janvier 1791 était le terme assigné pour l'application de la loi sur la constitution civile du clergé. Le 16, les officiers municipaux se rendent à la cathédrale pour y recevoir le serment des ecclésiastiques ; le 23, le cardinal de la Rochefoucauld dénonce le schisme qui menace le diocèse ; le 10 mars, le pape se prononce dans un bref adressé aux prélats, membres de l'Assemblée (1) ; le 20, M. Charrier de la Roche est élu évêque métropolitain des Côtes de la Manche ; et, dans l'après-midi du même jour, il est procédé à la nomination des curés. Nous n'avons pas à faire l'historique de ces événements qui ont été racontés avec autant d'érudition que de talent (2) ; mais, il convient de le dire, à l'honneur de la Normandie et de la ville de Rouen, le clergé fit preuve en ces circonstances d'une admirable union, et les fidèles, désertant les

(1) 1791, 10 martii. — *Quod aliquantum. Pii VI acta quibus ecclesiæ catholicæ calamitatibus in Galliá consultum est.* Romæ, 1872. Tome I, p. 62.

(2) *La Cathédrale de Rouen, son histoire, sa description,* par M. l'abbé LOTH. Rouen, 1889, 1 vol. in-8°, ch. XXIV.

paroisses occupées par des intrus, affluèrent en masse dans les chapelles des communautés religieuses où ils trouvaient avec des prêtres insermentés l'enseignement vrai des pasteurs légitimes. Le coup était trop direct pour que l'autorité civile ne cherchât pas un moyen de le parer. Elle y employa l'évêque nouvellement élu, à qui l'occasion parut favorable pour s'immiscer dans l'administration des affaires ecclésiastiques. Le 7 mai, il adressa une lettre pastorale aux communautés de femmes de son diocèse. Ce document est assez curieux pour mériter d'être reproduit tout au long.

« Jusqu'ici, mes chères filles, écrit l'évêque, je ne vous ai pas beaucoup importunées. J'ai respecté vos opinions, vos attachements et jusqu'à des erreurs peut-être excusables que la charité chrétienne et une juste condescendance pour la faiblesse humaine ont dû m'inspirer de ne pas attaquer de front par ménagement et par égard pour vos vertus. Par une suite de ce principe, mon silence durerait encore, sans la circonstance imprévue des événements publics, qui ne me permettent pas d'être insensible ni sur les égarements de quelques personnes qui chercheraient à troubler la tranquillité dont vous voulez jouir, ni sur les alarmes que quelques effervescences populaires ont pu jeter dans vos paisibles retraites. J'ai appris avec douleur que ces mouvements contraires à la loi pourraient être diversement interprétés, et éloigner de plus en plus la confiance que je ne désespérerai jamais d'obtenir sur vos cœurs, quand le moment de cette conquête, nécessaire un jour pour le succès de mon ministère, le repos de vos consciences et la réunion du troupeau tout entier sous la houlette du même pasteur, sera venu. Ce qui me touche surtout en cet instant, c'est que vous soyez bien persuadées, non seulement que je désapprouve hautement tout ce qui a pu et pourrait troubler la paix de vos asiles sacrés, mais que j'ai trouvé dans les corps administratifs des sentiments absolument conformes aux miens, pour employer tout ce qui peut être en leur pouvoir pour vous procurer ce premier bien dans l'ordre social, sans lequel je conçois que les autres seraient pleins d'amertume et vous garantir la confiante protection de la loi.

« Je me fais donc un devoir et un empres-

sement de vous en assurer; mais je vous dois à
cette occasion quelques avis que la raison et la
douceur pastorale veut vous donner, et que l'esprit d'une correspondance parfaite à la loi de
l'État recevra sans doute avec une semblable
disposition. Si rien ne justifie les atteintes
portées à la tranquillité des citoyens de la part
de ceux qui ne sont pas chargés de veiller à
l'exécution de la loi, il ne faut pas non plus
fournir à ces derniers des prétextes au zèle,
même désordonné, d'éclater contre nous. Nous
n'avons point d'empire sur les opinions particulières, votre confiance personnelle est libre, et
je ne prétendrai jamais la commander; je dois
tout au plus éclairer votre religion; et, quand
le moment favorable d'obtenir cet heureux fruit
aura succédé aux illusions qui le retardent,
j'espère que vous en serez consolées autant
que moi-même et surprises un jour de ne l'avoir
pas plus tôt recueilli. Nous plantons, nous
arrosons à l'exemple et selon le langage de
l'Apôtre; Dieu donnera à notre ouvrage l'accroissement quand il lui plaira.

« Cela n'empêche pas que vous ne deviez, en
attendant, sur ce qui est extérieur, respecter

l'opinion dominante et la volonté nationale, qu'il n'est jamais sage de méconnaître ; et surtout vous ne devez rien vous permettre qui puisse donner lieu de penser que l'on cherche imprudemment à vous la faire braver. Il s'est manifesté dans vos églises une affectation d'y recevoir et de n'y recevoir que ceux qui pensent comme vous (en supposant que les sentiments de la Communauté fussent unanimes), et l'on y multiplie des exercices ou des instructions qui n'y étaient pas connus jusque-là. Un concours de personnes qui ont adopté ce système de séparation semble augmenter cette espèce de triomphe en faveur de ceux qui ont trouvé chez vous un asile que je n'entends point leur disputer, et qu'ils trouveront partout en conservant les devoirs de bienséance, en ne se portant à aucun acte extraordinaire, à aucun excès condamnable.

« Cette conduite tendrait à faire déserter les paroisses ; elle ne peut inspirer pour les pasteurs qui les gouvernent et les ecclésiastiques qui les desservent qu'un éloignement qui n'est sûrement pas dans votre âme, et qu'ils n'ont pas pour vous ; mais elle établit un mur de division, elle produit un effet qui indispose et scandalise le peuple que vous devez ménager ; enfin, elle n'est propre qu'à jeter sur ceux qui se sont conformés à la loi une défaveur et des préventions, qu'ils sont bien éloignés d'inspirer contre ceux qui lui résistent, et contre vous-mêmes ; il y a bien d'autres actes connus, journaliers et répétés sans cesse, qui dénotent ce système combiné d'opposition que je crois au moins très imprudent, très destructif de l'ordre public, s'il n'est pas en outre très contraire à la charité évangélique ; il finira tôt ou tard par vous compromettre et vous rendre responsables des suites funestes dont vous auriez été la cause involontaire sans en prévoir les dangers.

« Tout cela n'est propre qu'à relâcher les liens de cette union précieuse que nous devons conserver à tout prix, à échauffer les têtes, à exalter les imaginations, tandis qu'il faut au contraire les calmer et les retenir dans les bornes de la sagesse et de la modération. C'est l'esprit de vos saintes Règles et du Christianisme à la perfection duquel vous êtes consacrées ; c'est le moyen de mériter la protection de l'État, de ménager à la Religion même dont vous êtes les héroïnes par vos sacrifices, et la gloire par vos exemples, les seules victoires qui l'honorent ; c'est ainsi que vous concourrez, en tout ce qui dépendra de vous, et des relations qui vous sont permises au dehors d'après vos propres engagements, à maintenir la paix et la tranquillité parmi les citoyens de cette ville. Vos prières à Dieu feront le reste ; et je vous supplie, en recevant ma remontrance dans le même esprit de charité et d'intérêt qui vous l'adresse, de ne pas m'oublier auprès de Celui que je prie tous les jours de vous éclairer et de vous rendre heureuses.

« Je suis, avec les sentiments de la tendre sollicitude que vos vertus m'inspirent, mes chères filles, votre très humble et affectionné serviteur en Notre-Seigneur Jésus-Christ. »

Cette lettre, il faut le reconnaître, avait un côté spécieux fait pour jeter le trouble dans les esprits ; elle puisait en outre une apparence d'autorité dans le caractère personnel de son auteur, prêtre respectable, qui était de bonne foi dans son erreur, la confessa humblement et plus tard devait honorer par ses vertus le siège épis-

copal de Versailles (1). Son appel à la modération trouva un étrange corollaire dans un arrêté
du directoire du département en date du 3 juin
qui prescrivait aux couvents d'interdire l'accès
de leurs églises au public. Cette mesure, rapprochée de la lettre de M. Charrier de la Roche,
fut appréciée diversement. Quelques communautés jugèrent prudent de se soumettre à
l'ordre de la police : ce furent les Ursulines,
les Filles-dieu, les Annonciades ; les religieuses
du Refuge, de Saint-Joseph, du Bon-Pasteur,
de l'abbaye Saint-Amand ; les Gravelines, les
Emmurées, les Dames d'Ernemont et de Saint-
François et finalement le deuxième monastère
de la Visitation (2).

(1) Louis Charrier de la Roche, prévôt du chapitre
noble et curé d'Ainay à Lyon, député à l'Assemblée nationale, évêque constitutionnel de la Seine-Inférieure, fit son
entrée à Rouen le 15 avril 1791, et donna sa démission le
26 octobre suivant. Promu en 1802 à l'évêché de Versailles,
il publia un mandement dans lequel on lit cette phrase
touchante : « Nous avons eu le malheur d'appartenir à une
Église qui n'était pas dans la communion du Saint-Siège ;
c'était l'erreur de notre esprit, mais non de notre cœur. »

(2) *Les Communautés religieuses de femmes de la ville
de Rouen pendant la Révolution*, par M. l'abbé LOTH. —
Une brochure in-8° de 80 pages. — Rouen, 1872, p. 55.

Le moment était solennel : la résistance pouvait offrir des dangers en surexcitant les passions populaires. Ne venait-on pas de voir, le 2 juin de cette même année, l'église des Théatins à Paris, que les catholiques avaient louée pour célébrer la fête de l'Ascension, devenir le théâtre de scènes lamentables et subir l'invasion d'une foule de forcenés qui profanaient le sanctuaire et renversaient l'autel en proférant des imprécations contre les assistants? A Rouen même, « la populace payée par les clubistes » avait devancé ces scènes. Le 3 mai, on avait insulté dans la rue des femmes et des jeunes filles qui sortaient des chapelles appartenant aux communautés religieuses, et quelques-unes furent fouettées publiquement rue Saint-Vivien (1).

Malgré ce que l'heure présente offrait de dangers, la mère de Belloy n'hésita pas. Elle craignait qu'une soumission volontaire ne fût interprétée comme un acquiescement tacite à

____

(1) Journal manuscrit d'Horcholle, ancien procureur-syndic à la Chambre des comptes, Ces précieux mémoires, rédigés au jour le jour par un bourgeois de Rouen, se trouvent à la bibliothèque municipale. Mns. Y, 128.

la constitution civile du clergé, et, dans la fermeté de sa nature courageuse, elle refusa d'exécuter l'injonction de la police. Nous voulons laisser ici la parole aux faits. Il y a dans le document que nous allons reproduire un titre d'honneur, quelque chose de saisissant et de vécu qui surpasse en expression tout commentaire; car l'acteur principal de cette scène, c'est Duval... Duval, le futur ministre de la police, le prédécesseur de Fouché, l'homme qui deviendra en 1798 un des agents les plus redoutables du Directoire.

« Le dix-sept Juin mil sept cent quatre-vingt-onze, cinq heures et demie de relevée.

« Nous officier municipal et Substitut du Procureur de la commune de Rouen soussignés : Pour l'exécution de l'Arrêté du Directoire du Département de la Seine-Inférieure en date du 3 de ce mois portant que les Officiers municipaux de Rouen se transporteront sans délai dans les Communautés religieuses de cette ville à l'effet de faire procéder en leur présence à la fermeture de toutes les portes de leurs Églises autres que celles de l'intérieur des dites Communautés, Nous sommes transportés en la Communauté de Ste Marie, sise en cette ville, rue Beauvoisine, où étant parvenus dans un parloir, nous avons trouvé Madame la Supérieure et Madame l'Économe de la dite Communauté auxquelles, après lecture faite du dit Arrêté, nous avons proposé de passer la soumission d'interdire l'entrée de leur Église au public et de n'y admettre que leur Chapelain, faute de quoi nous serions dans la nécessité de faire fermer ces portes extérieures pour l'exécution du dit arrêté.

« Les dites Dames aiant refusé de passer cette soumission, nous leur avons déclaré que nous allions faire procéder à la clôture des dites portes et du tout avons dressé le présent procès-verbal auquel les dites Dames ont refusé de signer, de ce interpellées, et avons signé lecture faite.

« *Signé :* DUVAL (1). DESCHAMPS.

(1) Né à Rouen vers 1753, avocat médiocre au parlement, conventionnel non régicide et député muet aux Cinq-Cents, Jean-Pierre Duval se révéla, quand il fut appelé au ministère de la police générale, comme un homme de valeur, mais dangereux. Il présida en 1802 le Corps législatif, devint préfet des Basses-Alpes, laissa passer l'Empereur en 1815 et fut destitué par la Restauration.

« Vu le refus par les Dames Supérieure et Économe de se conformer à l'arresté énoncé en notre procès-verbal des autres parts,

« Nous avons envoyé chercher le Sʳ Duhamel serrurier en cette ville, rue Beffroy, pour parvenir à la fermeture de la porte extérieure de la d. Église donnant sur la d. rue Beauvoisine, lequel étant malade, nous a envoié le nommé Picard, son garçon, qui a, en notre présence, placé deux chaînes de fer sur le milieu des deux battants de la porte, l'une en haut et l'autre en bas, lesquelles il a attachées avec chacune un crampon au bout et deux clous au milieu.

« Ce fait, nous nous sommes retirés après avoir dessé le présent procès-verbal que nous avons signé les d. jour et an.

« *Signé :* DUVAL. DESCHAMPS (1). »

Le cardinal de la Rochefoucauld, informé de ces événements, « autorisa le 31 Août ses Grands Vicaires à permettre aux Communautés

(1) Arch. municipales, nᵘ 73 A/5ᵉ section.

religieuses de laisser entrer les fidèles dans leurs églises par l'intérieur de leurs maisons pour y assister aux offices, ce qui a eu lieu avec toute la décence possible (1). »

(1) Journal manuscrit d'Horcholle, déjà cité.

V

La mesure de rigueur qui venait d'être prise
contre les religieuses de la Visitation, en élevant entre elles et le monde extérieur une bar-
rière infranchissable, eut du moins l'avantage
de les rendre à la liberté et de séparer nettement le domaine temporel du domaine spirituel.
L'occasion d'en profiter ne se fit pas longtemps
attendre.

La solennité du Sacré-Cœur tombait en 1791
le vendredi, veille de la fête de la Visitation.

Cette coïncidence fut pour la mère de Belloy comme un trait de lumière, un rayon venu du ciel, et, d'accord avec ses supérieurs, elle conçut la pensée généreuse d'une réparation en fixant au 1ᵉʳ juillet la cérémonie solennelle de la rénovation des vœux qu'un arrêté du directoire de département avait interdite le 21 novembre 1790.

La porte était close : *clausa est janua* (1); mais « la vie est dans le cœur et le cœur est un lieu caché, inaccessible; tout y est mystère; on ne le voit pas, et néanmoins il a ses yeux, ses oreilles, sa bouche, son langage plus expressif que tous les langages (2) ». C'est à lui que ces religieuses vont parler. Elles se réunissent dans le sanctuaire, non pas à la messe conventuelle, mais à une première messe qui se dit entre cinq heures et demie et six heures et demie, et voici en quels termes la sœur Marie-Euphrasie Grandin de la Gaillonnière (3) rapporte

(1) MATT., XXV, 10.

(2) *Le Cœur de Jésus*, par Mgr BAUDRY. Paris, Vaton, 1865. Le plus beau livre de pensées chrétiennes qui ait peut-être été composé sur ce sujet.

(3) Les Grandin étaient d'origine chevaleresque. La reli-

le souvenir de cette cérémonie : « N'ayant point renouvelé nos sacrés Vœux en l'année 1790 à cause de la malheureuse persécution, notre très honorée Mère de Belloy y a suppléé en cette année 1791, ce premier jour de Juillet auquel se trouve et se rencontre la grande feste du Sacré Cœur de Jésus. Nous les avons toutes renouvelés d'une voix haute, aux pieds du Saint Sacrement avant Prime.

« Nous conjurons le Seigneur d'exaucer les clameurs de son Fils adorable duquel nous attendons tout pour l'Église, pour l'État, pour le Roy et pour moy en particulier. Ainsi soit-il! Ainsi soit-il! Ainsi soit-il! »

Rien n'est plus touchant d'ailleurs que de relever sur le Livre des Vœux les expressions ajoutées par ces saintes filles à la formule d'usage quand, au sortir de la chapelle, elles se hasardent à consigner par écrit leurs nouveaux engagements : nous venons d'en citer un

gieuse était née du mariage de Louis-Philippe, lieutenant de cavalerie, retiré du service en 1713 après la paix, et de Marie-Louise Pouchet. Le chevalier Grandin de la Gaillonnière était secrétaire de l'Assemblée de l'ordre de la noblesse en 1789.

exemple. Voici maintenant les lignes simples et fortes tracées par la T. H. mère de Belloy : « J'ay confirmé plusieurs fois mes Vœux le jour de la Présentation de Notre-Dame en 1790, en mon particulier, mais de tout mon cœur, n'ayant pu le faire publiquement, l'autorité civile nous ayant contraintes à cette privation ; je les ai renouvellés dans le Cœur de Jésus ce 1ᵉʳ Juillet 1791... Au nom du Père et du Fils et du Saint-Esprit. *Amen.* »

La sœur Marie-Michel Jouet proclame l'inviolabilité du domaine de la conscience « ... L'on s'est autorisé de nous défendre de renouveler publiquement nos vœux le jour de la Présentation, ce qui ne m'empêchera pas, ajoute-t-elle, de les renouveler du fond de mon cœur mille fois si je veux cette année. Au nom du Père... » Plus douce est la note que la sœur Jeanne-Charlotte Lesueur fait entendre : « Veuille ce divin Cœur nous servir d'azile et de deffence pour le temps et l'éternité! » Et cette autre de la sœur Marie-Luce-Aimée Cavelier : « Mes larmes ont suppléé à ma voix (1)! »

(1) Geneviève-Louise-Charlotte Jouet était née le 28 janvier 1770 à Paris, paroisse de la Madeleine de la Ville-

Petit cénacle, jardin fermé, senteurs divines, on s'attarde complaisamment à la lecture de ces pages, passant d'un trait à un autre, retenu par je ne sais quel charme. C'est que chaque phrase a sa physionomie et dessine un caractère. La sœur d'Esmalleville de Panneville, par exemple, réédite en sa rénovation les termes de sa profession religieuse : « Veuille mon Sauveur bénir cette journée et me la rendre profitable pour l'éternité ! » N'a-t-on pas lieu d'y voir quelque chose qui tient du pressentiment, un de ces reflets de la jeunesse venant éclairer un déclin ? Car elle touchait au terme de sa longue carrière, ayant partagé jusqu'au dernier moment le labeur de la mère de Belloy dont elle avait été la fidèle assistante. Le 7 août, en effet, elle expirait après avoir obtenu le 18 juin la permission de se démettre de sa charge « pour redoubler de ferveur dans la pratique de la préparation à la mort, son exercice le plus habituel. » La perte d'une amie très chère, en lui montrant le néant des affections du monde, l'avait attirée vers Dieu. On trouva « un papier écrit de sa main

l'Évêque. La sœur Jeanne-Charlotte Lesueur avait une humble origine.

par lequel elle suppliait instamment de ne rien dire ni écrire d'elle après sa mort ». La T. H. mère de Belloy respecta l'humilité de ce désir, mais, dans « l'esquisse légère qu'elle trace de ses vertus », elle ne peut se défendre d'exhaler sa douleur au sujet de « cette séparation que les lois nouvelles rendent encore plus amère », et qui lui fait dire avec Isaïe : « Une double affliction vient de fondre sur nous. »

Il existait en effet, sous le chœur de la chapelle, deux caveaux destinés à la sépulture des religieuses et qui leur permettaient de continuer dans le sommeil de la tombe l'union fraternelle, « un des plus tendres objets de leur bonheur ». Cette fois, poursuit la mère de Belloy, il faudra « mettre hors de la Clôture les dépouilles mortelles de cette chère défunte ». Oh! qu'il lui en coûtera! « Tirons, dit-elle, un voile sur cet objet affligeant et sur lequel nous ne pouvons avoir de consolation que dans notre soumission et notre confiance en Celui dont la sagesse et la puissance peuvent seules apprécier nos peines et y remédier. »

L'année 1791 se termina paisiblement. La sœur Hélène-Angélique Charles de la Blandinière (1), élue par le chapitre, avait remplacé la sœur d'Esmalleville dans la charge d'assistante. Quand arriva le 21 novembre, les religieuses firent la rénovation des vœux suivant la forme prescrite par les constitutions. Agenouillée à la grille, avant de communier, en présence de la sainte Eucharistie, chacune d'elles prononça ces paroles à haute voix : « Je... renouvelle et reconfirme de tout mon cœur les Vœux que j'ai faits à mon Dieu de vivre en perpétuelle obéissance, chasteté et pauvreté dans la Congrégation de céans. Au nom du Père, et du Fils, et du Saint-Esprit. *Amen.* » Elles écrivirent ensuite la formule usitée sur le Livre des Vœux.

Lorsqu'un orage est sur le point d'éclater, un grand silence se fait dans la nature : la lumière s'éteint ; tout se tait au ciel, sur la terre et sur les eaux ; cependant l'horizon chargé de nuages annonce que la dévastation est proche.

(1) Charles, seigneurs de la Blandinière et du Gruchet. Famille très ancienne du parlement de Rouen. Pierre était conseiller en 1499. La religieuse était née à Ourville du mariage de Pierre-Nicolas-Alexandre, seigneur des Noires-Terres et de Marie-Françoise de Martel.

Il en était de même à Rouen dans l'ordre religieux et politique au commencement de 1792;
et, malgré la tolérance relative dont les autorités avaient fait preuve, la mère de Belloy
possédait un jugement trop sensé pour se faire
illusion sur le sort qui attendait son monastère.
Constamment préoccupée de lui assurer des
moyens d'existence qui manquaient de plus en
plus, elle fit une dernière tentative auprès des
administrateurs du district pour sauver un
débris de sa fortune personnelle. On sait qu'elle
avait apporté à la communauté un contrat de
880 livres de rente sur les Aydes et Gabelles
de Paris, dont 580 pour sa dot et 300 pour subvenir pendant sa vie aux besoins particuliers
résultant de sa mauvaise santé; et comme,
d'après les décrets de l'Assemblée, ce contrat
de 880 livres ne devait plus être servi, « la
Mère Supérieure espérait de la justice de la
nation qu'elle lui ferait payer annuellement la
dite rente viagère de 300 livres, » et réclamait
un acte qui assurât ses droits, « ainsi qu'il
avait été statué par MM. les Commissaires
dans l'arresté des Charges de la Maison le
26 Février 1791. »

Cette demande paraît tout au moins avoir été prise en considération, car le district réclama le titre en vertu duquel agissait la requérante; « ce qui nous a surprises, dit-elle le 21 avril dans une lettre qu'elle adresse au procureur-syndic, le titre ayant été remis à la Municipalité; mais pour éviter, Monsieur, la peine de la recherche et en même temps les retards qui pourraient encore s'ensuivre, nous avons l'honneur de vous envoyer une seconde copie dont je vous prie de vouloir bien nous envoyer un récépissé. »

Ces efforts ne lui faisaient pas négliger les moyens surnaturels dont elle attendait principalement le secours et qui mettaient sous sa plume ces paroles du Prophète : « Que puis-je désirer sur la terre, sinon vous seul, ô le Dieu de mon cœur (1)? » Le cœur de son Dieu, l'amour du Sacré-Cœur, c'était là son unique refuge et le vase où elle puisait la sagesse et la force (2).

Sitôt que cette dévotion avait pris naissance, le premier monastère de la Visitation de Rouen

---

(1) *Deus cordis mei, et pars mea Deus in æternum.* (Psalm., LXXII, 26.)

(2) *Dedisti mihi sapientiam et fortitudinem.* (Daniel.)

s'était empressé de la faire connaître (1), et, dès 1693, il était devenu le foyer où peu à peu s'allumait le désir d'inaugurer le culte public d'adoration légué par la bienheureuse Marguerite-Marie.

Sa chapelle allait être le siège « d'une pieuse et dévote société de fidèles de l'un et l'autre sexe sous l'invocation du Sacré-Cœur de N.-S. J.-C. », et pour en favoriser les progrès, le pape Innocent XII ouvrit aux associés le trésor des indulgences les plus étendues par lettres apostoliques du 16 janvier 1698.

La bulle fut publiée et la confrérie autorisée le 3 mai par Mgr Nicolas Colbert, archevêque de Rouen. Il y avait dans les statuts, en manière d'avertissement, un appel à cette dévotion d'une note pénétrante et douce qui prenait en 1791 un caractère d'actualité tout à fait prophétique : « Les devoirs des personnes consacrées à honorer le Sacré-Cœur de Jésus-Christ étant de réparer, autant qu'il leur est possible,

---

(1) *La Dévotion au Sacré-Cœur de Jésus-Christ*. A Rouen, chez Eustache Hérault. 4ᵉ édition, 1701. Ce petit volume fut imprimé pour la première fois le 1ᵉʳ mai 1694. L'approbation était du 1ᵉʳ juin 1693.

par leurs adorations, leurs hommages et leurs louanges, les opprobres et les mépris où l'Amour a exposé le Fils de Dieu durant le cours de sa sainte vie et de sa passion, et où il s'expose encore tous les jours au Très-Saint-Sacrement de l'Autel, elles doivent beaucoup s'appliquer à honorer les souffrances intérieures de ce Cœur adorable qui lui ont été plus sensibles que toutes les douleurs extérieures de sa sainte humanité... On ne prescrit aucune prière vocale ni mentale d'obligation ; ce sera néanmoins une sainte pratique, que plusieurs ont déjà mise en usage, de se réunir tous en esprit sur les neuf heures du matin et sur les quatre heures du soir dans ce Sacré-Cœur pour y rendre hommage au Sauveur (1). »

Ce feu sacré qu'entretenait le premier monastère de la Visitation de Rouen devait rayonner au loin à travers ses grilles : « Un petit cahier de l'*Exercice intérieur du Sacré-Cœur*, au nombre de 25,000 exemplaires, passa jusqu'au milieu de Constantinople par le moyen de quel-

---

(1) *Indulgences et prières avec quelques instructions pour ceux qui sont dans la société du Sacré-Cœur de Jésus*, à Rouen, chez Eustache Hérault, 1701. — Il doit y en avoir des éditions antérieures.

ques saints missionnaires (1). » Il s'en répandit en Espagne, en Amérique, à la Louisiane ; dans la seule ville de Rouen, on n'en distribua pas moins de vingt mille.

L'impulsion donnée se généralisa si promptement et les demandes des associés se multiplièrent à tel point qu'en 1724, la mère Marguerite-Séraphique Gréard (2) et sa sainte sœur, Marie-Agnès, « dont il était aisé de voir que Dieu voulait se servir d'une manière singulière pour l'exaltation de ce Divin Cœur, » purent obtenir « de le faire entrer dans un des premiers et des plus augustes temples du monde

(1) *Association à l'Adoration perpétuelle du Sacré-Cœur de Notre-Seigneur-Jésus-Christ*. A Rouen, chez Ph. Cabut, 1729. Cet opuscule contient les règlements de l'exercice spirituel.

(2) Fille d'un illustre avocat du parlement de Normandie, elle avait quatre ans lorsqu'un livre intitulé : *la Vie et le royaume de Jésus* lui tomba sous la main ; elle ne cessait de relire ces mots comme si Dieu leur eût attaché une espèce de charme. — L'un de ses frères a marqué dans la Compagnie de Jésus ; l'autre mourut en odeur de sainteté ; deux de ses sœurs embrassèrent la règle de saint Benoît ; elle suivit la troisième au premier monastère de la Visitation de Rouen. Un de ses écrits contient cette phrase : « C'est dans le Sacré-Cœur que je veux fixer ma demeure ; j'inviterai à y entrer chaque jour avec moi celles dont Notre-Seigneur m'a confié la conduite... »

chrétien, afin d'y être révéré d'une manière spéciale ».

Il y avait au milieu de la métropole une chapelle déserte avec la figure de la sainte Vierge. On dit alors qu'elle gardait ce sanctuaire pour le Cœur de son Divin Fils; le pape l'enrichit d'indulgences et des ressources extraordinaires arrivèrent de fort loin à la mère Marie-Agnès Gréard pour le faire orner magnifiquement d'après un plan qu'elle avait donné (1).

Ce culte d'adoration devait poursuivre jusqu'à la fin du dix-huitième siècle sa marche triomphale à Rouen. En appelant sa communauté, le 1ᵉʳ juillet 1791, à rendre un hommage exceptionnel au Sacré-Cœur, la mère de Belloy avait voulu lui faire amende honorable des douleurs de l'Église de France; mais ce n'était pas assez pour l'ardeur de sa foi : elle entendait convier des âmes à exalter en ce Divin Cœur le mystère de la souffrance, et, comme ces trois jeunes hommes qui chantaient dans la fournaise les louanges du Seigneur, à la veille de la dispersion, elle faisait réimprimer un livre devenu

(1) Circulaire du 25 novembre 1726.

rare et que la piété des fidèles n'avait cessé de goûter. Le monastère actuel en conserve un exemplaire comme une relique dans les trésors de sa bibliothèque. Il a pour titre : « *la Dévotion au Sacré-Cœur de Jésus-Christ* Se trouve à Rouen au Premier Monastère de la Visitation Sainte-Marie, rue Beauvoisine 1792. (1) »

C'était planter la bannière sur la brèche entr'ouverte; d'autres ont pu lutter aussi long-temps : davantage, nous ne le croyons pas. Ainsi l'amour du Sacré-Cœur trouvait dans cet asile son premier et son dernier épanouissement, comme la vie naît, rayonne et s'éteint dans l'organe qui en exprime le fonctionnement.

Absorbées par leurs exercices intérieurs, les religieuses fermaient l'oreille aux bruits qui leur arrivaient du dehors. Une fois déjà, c'était aux premiers jours de mai 1791, des hommes en délire étaient venus se ruer sur l'entrée du couvent; les sœurs s'étaient mises en prière; les

(1) On a vu précédemment, en note, que la première édition de cet opuscule remonte à l'année 1694. Étrange rapprochement! les religieuses du même monastère viennent de faire réimprimer le même ouvrage au milieu d'événements qui offrent tant de ressemblance avec ceux de 1792.

coups redoublaient; la porte était solide, elle tenait bon; enfin le chef de la bande, qu'on reconnaissait à l'acharnement de ses attaques, lâchait prise en disant : « Cette porte est ensorcelée; le diable lui-même ne l'enfoncerait pas » (1)!

Sans doute cette démonstration se rattachait aux troubles si fréquents alors que soulevait la pénurie des subsistances. Le peuple s'imaginait follement qu'on amassait des provisions considérables de blé dans les couvents, et le 16 septembre 1792, à la séance du conseil général de la commune, il est donné lecture d'un avis de la 11ᵉ section portant que les religieuses dites de Sainte-Marie, rue Beauvoisine, ont vendu 3 à 4 muids de farine au prix de 16 livres la mine. Pour répondre à cette dénonciation menaçante, l'assemblée renvoie l'affaire à la 22ᵉ section (2).

Mais l'heure approchait où les pouvoirs publics allaient eux-mêmes violer toutes les retraites, commettre toutes les déprédations, et les événements, reprendre la marche inexorable

----

(1) Le journal manuscrit qui rapporte ce fait le place entre le 1ᵉʳ et le 3 mai 1791.

(2) Rouen était alors divisé en vingt-six sections.

que leur marquait un flot montant d'impiété. La journée du 10 août venait de jeter l'épouvante à Paris; déjà la Convention perçait dans les actes d'une assemblée à son déclin. En disposant que tout Français qui recevait une pension de l'État serait censé y avoir renoncé s'il ne jurait dans la huitaine « de maintenir la liberté et l'égalité », le décret du 14 août 1792 plaçait les religieuses dans cette cruelle alternative ou de perdre l'unique ressource qu'on leur avait allouée ou de faire immédiatement une promesse que le pape n'a jamais condamnée, mais dont la validité fut mise en doute à l'origine par les prêtres les plus respectables (1).

Cette disposition n'était que le prélude des mesures par lesquelles le parti jacobin entendait accomplir graduellement la ruine de la religion. Au décret stipulant que toutes les maisons encore occupées par des religieux et des reli-

___

(1) Ce serment, imposé le 14 août par l'Assemblée législative, est généralement désigné sous le nom de *Serment de Liberté-Égalité*. C'était le deuxième exigé par les pouvoirs publics. Il s'appliquait aux religieux et religieuses supprimés et pensionnés à ce titre. Son refus entraînait la perte de la pension. (L. Sciout, *op. cit.*, t. IV, p. 829; et Pii VI, *Acta*, vol. II, p. 106, 107, 110.)

gieuses seraient évacuées pour le 1ᵉʳ octobre et mises en vente, à l'exception de celles consacrées au service des hôpitaux, succédait un deuxième décret rendu le 18 août qui s'ouvrait par ce préambule :

« L'Assemblée nationale,

« Considérant qu'un État vraiment libre ne doit souffrir dans son sein aucune corporation, pas même celles qui, vouées à l'enseignement public, ont bien mérité de la patrie et que le moment où le Corps législatif achève d'anéantir les corporations religieuses est aussi celui où il doit faire disparaître à jamais tous les costumes qui leur étaient propres, et dont l'effet nécessaire serait d'en rappeler le souvenir, d'en retracer l'image ou de faire penser qu'elles subsistent encore, décrète ce qui suit :

« ARTICLE PREMIER. — Les Corporations connues en France sous le nom de Congrégations séculières... et généralement toutes les Corporations religieuses et Congrégations séculières d'hommes et de femmes, ecclésiastiques ou laïques, même celles uniquement vouées au service des hôpitaux et au soulagement des malades, sous quelque dénomination qu'elles existent en France... et toutes autres associations de piété et de charité, sont éteintes et supprimées à dater du jour de la publication du présent décret. »

Cette disposition avait une portée incalculable. Rapprochée du décret des 3-27 mai et 3 juin 1791 qui prescrivait de porter à la Monnaie l'argenterie des églises supprimées, elle permettait aux municipalités de faire main basse sur une foule d'objets précieux appartenant aux chapelles des communautés religieuses dont l'existence légale venait d'être brutalement détruite. On ne peut imaginer tout ce que le fanatisme, le pillage, la cupidité dissipèrent de richesses inestimables au point de vue de l'art ; et cette facilité déjà si grande fut encore étendue par la loi du 10-12 septembre 1792 qui obligeait de verser au directoire de la monnaie le plus voisin non seulement tous les objets employés au service du culte, mais jusqu'aux « ornements tissus d'or et d'argent fin, galons et broderies détachés des étoffes, soit des églises cathédrales et collégiales converties en églises paroissiales, soit des congrégations et associations supprimées », pour les dits ornements être

« brûlés et les cendres converties en lingots ».

Telle était, dans son ensemble, la législation révolutionnaire qui allait étendre ses ravages sur toute la France et qui fut spécialement appliquée le 28 septembre au premier monas·tère de la Visitation de Rouen. Suivons pas à pas les commissaires municipaux à travers ces lieux sanctifiés par l'immolation, comme le voyageur s'arrête au détour de la route pour saisir dans une vision dernière l'horizon qui va disparaître et qui a charmé ses regards. Le pro·cès-verbal, quelles que soient ses longueurs, donne une vive impression de cet événement.

« L'an mil sept cent quatre-vingt-douze, le 1er de la République Française, le vingt-huit Septembre, neuf heures du matin,

« Nous soussignés, Jean-Guillaume De-bonne (1), fils, officier municipal, Jean-Baptiste Louis Payenneville (2) et Jean-Baptiste Le

(1) La pièce originale porte de Bonne en deux mots. Nous écrivons à dessein Debonne. L'orthographe des noms propres était rarement observée, au dix-huitième siècle, dans les actes publics.

(2) Payenneville, l'aîné, administrateur-quartenier de l'hôpital général, négociant-arbitre, élu notable le 21 no·vembre 1791, ne doit pas être confondu avec son frère

Bourgeois, le Jeune, Notables, tous Commissaires nommés par le Conseil Général de la Commune de Rouen en exécution des ordres qui lui ont été adressés aux fins de faire dans chacunes des Maisons religieuses existantes encore dans cette municipalité le recensement des meubles et effets compris dans l'inventaire qui en a été cy devant dressé par les citoyens Debonne et Goube administrateurs du District et pour faire enlever et porter à la monnoye de cette ville l'argenterie et les cloches des dittes Communautés, nous sommes transportés en la Maison et communauté de Ste-Marie, Premier Monastère de la Visitation... et là accompagnés du citoyen Jacques-Nicolas Le Roux que nous avons choisy pour notre secrétaire et duquel nous avons pris le serment en tel cas requis et en présence de la citoyenne Anastasie-Marie-Françoise de Belloy, supérieure et de la citoyenne Catherine-Marguerite Delahaye économe de la ditte Maison, nous avons procédé au recensement des meubles et effets compris dans l'in-

Payenneville, le jeune, marchand, rue aux Ours, qui fit partie des administrations municipales révolutionnaires jusqu'en 1795.

ventaire dressé le 2 Septembre 1790 par les citoyens sus dits, suivant de point en point le dit inventaire comme suit, scavoir :

« *Église et Sacristie.* »

Et l'appel sonne dur, sec, macabre comme des coups de marteau; chaque objet passe en revue, c'est le défilé de la mort.

Le premier des commissaires, Debonne fils, n'était pas un de ces agents subalternes qui passent inaperçus dans l'exercice de leur fonction. Il figurait à la tête des échevins quand il fut député le 17 juillet 1789 vers l'Assemblée nationale pour la féliciter de sa fermeté. On l'avait vu fraterniser avec Bailly, dîner à l'Hôtel de Ville auprès de La Fayette, y faire applaudir un discours plein d'emphase, et s'incliner à l'Opéra sous les acclamations de l'assistance. La Terreur, en le conduisant à la prison de Saint-Yon, lui fournira l'occasion de méditer profondément sur la fragilité des fortunes humaines (1).

---

(1) Arrêté le 19 brumaire an II, il fut mis en liberté sur un tableau de sa conduite politique dont sa femme réunit les éléments en demandant le 17 ventôse, à la commune, un relevé de toutes les délibérations auxquelles Debonne

Son père qui, dans le même temps, présidait le district, et qui avait recueilli le 2 septembre 1790 les premières déclarations des religieuses, était un marchand de drap de Rouen, « homme aussi bon qu'il était gros de l'éminence de sa dignité (1) », ne manquant pas une des cérémonies du culte constitutionnel, mais ayant soin d'entendre la messe d'un prêtre insermenté. Moitié par bienveillance, et moitié par orgueil, Debonne était bien aise qu'on lui demandât quelque chose. « Faites-nous donc un mot de requête, » disait-il à l'abbé Baston qui ne pliait pas volontiers. La mère de Belloy s'était peut-être pliée à des faveurs; mais ce qu'il y a de certain, c'est que les commissaires, soucieux principalement de mettre la main sur l'argenterie et les objets de valeur, montrèrent pour le reste une tolérance formelle ou tacite qu'accentuait peut-être le remords inavoué de leur besogne. On en jugera par le récit qui va suivre.

Voici le chœur des dames, et la sacristie inté-

avait pris part. *Analyse des délibérations de l'Assemblée municipale de Rouen*. Rouen, Lecerf, 1905, p. 4 et 214.

(1) *Mémoires de l'abbé Baston*, publiés par M. l'abbé Loth. Alph. Picard, 1897. Tome I, p. 387 et 388.

rieure d'en haut ; l'argenterie, la broderie et le grand parloir. Les tableaux sont nombreux : on n'en compte pas moins de soixante dans tout le monastère ; quelques toiles portent les signatures de Jouvenet, Sacquespée, le Tellier, Deshays, et les annales racontent leur provenance ; des portraits allégoriques d'une grande valeur ont été donnés par le roi et la reine d'Angleterre en 1697 (1) ; la richesse de l'église est incomparable ; il y a 29 chasubles, 35 aubes, 10 surplis, 16 rochets, 27 nappes d'autel, quelques-unes de la dentelle la plus fine ; 4 ornements complets consistant chacun en une chape et deux tuniques « dont un fond d'argent brodé » et un cinquième « fonds cramoisi brodé en or et argent très riche ». Le détail de l'inventaire révèle des femmes qui ont une ardente piété, une mortification sévère, un esprit cultivé, le sentiment de l'art et l'amour du beau ; elles ont dit en leur cœur : *Dilexi, Domine, decorem domus tuæ* (2) ; elles ont donné tout à Dieu ; elles

----

(1) Une étude publiée par M. DE BEAUREPAIRE, *Précis de l'Académie de Rouen*, 1853, p. 388, permet de suivre la destinée de ces toiles magistrales.

(2) Ps. XXV, v. 8.

se sont réservé pour elles-mêmes le minimum nécessaire à leurs besoins.

Après avoir enfermé dans une armoire et deux grands coffres « tout ce qu'ils ont pu contenir », les commissaires y mettent les scellés et en apposent un autre sur la porte de la broderie. Les voilà dans la bibliothèque : « Elle est composée de différents ouvrages, dit le procès-verbal, desquels nous n'avons pris le nombre, en partie de livres de piété, dont ces Dames ont pris plusieurs pour leur usage, sur la porte de laquelle avons apposé un scellé ». Ainsi furent sauvés, par une complaisance dont la rédaction du secrétaire dissimule visiblement l'étendue, des trésors d'une valeur inestimable : les Annales manuscrites et imprimées du monastère; le Registre des vêtures, des professions et des vœux; le Livre du chapitre et nombre d'ouvrages précieux sur les origines de la Visitation. Avec une promptitude et un discernement qui honorent sa belle intelligence, la mère de Belloy cueillit la fleur et la garda.

Quel contraste quand on entre, du corridor où pend une grande horloge, dans les « 42 cellules meublées d'un lit garni d'un seul matelas, paillasse, rideaux blancs, tables, chaises et autres petits meubles » !

Dans la classe, « 6 petits lits » dont les matelas et les courtepointes sont abandonnés aux religieuses « pour celles qui n'avaient qu'un matelas. »

Autant dans l'infirmerie.

La cuisine est propre et renferme pour tout « 4 chaudières en cuivre, une écumoire, 2 grandes poëles, un peu de mauvaise poterie et autres objets minutieux » qui sont laissés aux religieuses.

Dans le réfectoire : « 10 tables et bancs avec quelque vaisselle de terre et d'étain formant l'absolu nécessaire de chacune des religieuses, laquelle, ajoute le procès-verbal, nous leur avons abandonné ; 12 couverts d'argent qui nous ont été justifiés apportés par 12 des religieuses restantes desquels elles se sont saisies conformément à la décision du district ; 50 douzaines de serviettes tant bonnes que mauvaises, 100 essuie-mains, 200 torchons, 150 tabliers et 140 paires de draps, lequel linge, nous avons distribué entre les 49 religieuses par part égale à l'exception de 2 paires de draps que nous avons abandonnés aux gardiens. »

Le réfectoire communiquait par le cloître avec le chapitre et le noviciat sur la porte duquel les commissaires apposèrent un scellé ; et, traversant ensuite le grand parloir extérieur, ils terminèrent leur visite par le chartrier en mettant un scellé à la porte extérieure, sans préjudice de celui qui fermait déjà l'armoire aux archives et qui fut reconnu « sein et entier ».

« Le susdit recensement fait, poursuit sèchement le procès-verbal, nous avons observé que les cloches de la ditte Communauté, au nombre de deux y compris le timbre, étaient trop difficiles à faire décrocher pour les faire emporter avec nous, vu que nous n'étions munis ni des instruments nécessaires ni d'ouvriers au fait ; pourquoy nous les avons laissées à leur place sauf à les faire enlever et porter à la monnoye aussitôt qu'il sera possible. Et quant à l'argenterie comprise au dit Recensement nous nous en sommes saisis et l'avons enfermée dans un sac ficelé et cacheté pour la faire porter en notre présence à la monnoye au désir des ordres dont l'exécution nous est confiée et pour le surplus des meubles et effets compris dans le présent recensement, nous en avons laissé la garde, ainsy que celle des scellés, sus mentionnés aux citoyens Nicolas-Louis Durand sacristain et Pierre Brierre jardinier de la maison que nous avons choisis pour être les gardiens et auxquels nous avons remis toutes les clefs des appartemens renfermant les objets confiés à leur garde et notamment celle de la sacristie sur la porte de laquelle nous avons apposé un scellé, desquels scellés et clefs les dits citoyens gardiens se reconnaissent dépositaires et promettent rendre bon et fidèle compte. Et nous avons arrêté le présent procès-verbal auquel ont signé avec nous les citoyennes de Belloy supérieure, Delahaye économe et les citoyens gardiens, auxquels nous avons laissé un double du présent procès-verbal après lecture faite.

> « *Signé :* Magdeleine-Anastasie DE BELLOY, supérieure ; Catherine - Angélique DELAHAYE, économe ; PAYENNE-VILLE ; DEBONNE fils ; BOURGEOIS, le jeune, DURAND, Pierre BRIÈRE et LEROUX, avec et sans paraphe. »

« Les dits jour et an sus dit par suite du procès-verbal ci-dessus, Nous Commissaires y

nommés, nous nous sommes de suite transportés à la maison de la monnoye de cette ville
scize rue Herbière paroisse S¹ Vincent accompagnés du citoyen Brière que nous avons
pris avec nous pour porter le sac contenant
l'argenterie que nous avons trouvée dans la
Communauté de S¹ᵉ Marie, et là, parlant au
citoyen Malheuvre, commis du citoyen Lambert Directeur de la Monnoye, nous avons en
sa présence decacheté et déficelé le sac dans
lequel elle avait été par nous enfermée, et avons
requis le dit citoyen Malheuvre de dresser état
par compte et poids des différentes pièces que
nous allions luy déposer, a quoy il a consenti,
il en a été dressé état comme suit, *scavoir :*

« Un soleil et sa couronne, deux ciboires, un
calice et sa patêne avec une couronne de soleil
le tout de vermeil qui mises dans la balance se
sont trouvé peser ensemble quarante-sept marcs
cinq onces observant que la couronne dernière
désignée provient de l'omission que nous avions
faite hier lors de la remise à la monnoye de
l'argenterie des religieuses de S¹ Louis et avons
constaté le poids des pièces d'argent suivantes :

« Un Ciboire, deux calices et leurs patènes,

deux boëtes, une autre boëte pour les saintes huiles, une patène quarrée, un christ, un buste de St François de Sales, un bénitier et un goupillon ; une grande lampe et un canon d'autel, composé de trois pièces, bois et argent, lesquels objets mis dans la balance se sont trouvés peser cent deux marcs, de toutes lesquelles pièces, le dit citoyen Lambert alors survenu s'est saisi pour en rendre compte ainsy qu'il appartiendra et a le dit citoyen signé avec nous après lecture faite.

> « *Signé :* LAMBERT ; PAYENNEVILLE ; DEBONNE, fils, BOURGEOIS, le jeune ; et LEROUX, secrétaire ; avec et sans paraphe (1). »

Le lendemain, dans la matinée deux membres du district, Lefébure et Belhoste, accompagnés de l'archiviste Beuzeboc, se présentèrent encore rue Beauvoisine pour procéder, sous les yeux de la supérieure, à l'enlèvement des papiers destinés au dépôt général des archives (2).

« 29 septembre : sortie des Religieuses... on

(1) Arch. départ.
(2) Arch. départ. Procès-verbal : 29 septembre 1792.

les a contraintes… » écrit Horcholle dans son journal (1).

Le départ s'accomplit au milieu des larmes; en économe fidèle, la mère Catherine-Angélique Delahaye se retira la dernière : il était dix heures du soir; mais, au moment de franchir la clôture, elle éprouva la puissance du sentiment qui attache le cœur de l'homme au foyer de son existence; elle s'évanouit et ne put gagner seule une voiture qui l'attendait à la porte.

Un siècle et plus a passé sur ces événements; le monastère est devenu le musée d'antiquités de la ville de Rouen; la chapelle a disparu, des objets d'art garnissent le cloître aux voûtes ogivales; mais, avant d'entrer dans la cour intérieure qui a gardé son aspect imposant, le visiteur peut apercevoir le long du mur une dalle carrée de modeste apparence; qu'il approche avec respect : c'est la plaque commémorative de la fondation du chœur des religieuses qui vient témoigner que ce lieu est saint. Il nous paraît intéressant d'en reproduire l'inscription, comme on enregistre une note curieuse dont

(1) Mns. déjà cité.

le contraste accuse la différence des temps :

« D. O. M.

« L'an de grâce de Notre-Seigneur Jésus-Christ MDCCXI le VI d'aoust feste de la Transfiguration sous le pontificat de Clément XI et le règne de Louis XIIII pendant la vacance de l'Empire par la mort de l'empereur Joseph, M^r le Duc de Luxembourg étant gouverneur de la province et Mr Camus de Pontcarré premier Président du Parlement, la première pierre de ce chœur des Religieuses du premier Monastère de la Visitation Sainte Marie de Rouen a esté mise par un pauvre nommé Henri Guillard, la très honorée Mère Julienne-Rosalie Le Roy supérieure du dit Monastère qui avait esté priée de la mettre ayant eu dévotion qu'il tînt sa place et elevant avec toute sa Communauté ce nouveau sanctuaire pour la plus grande gloire de Dieu; et afin d'obtenir par les mérites de Jésus et par l'intercession de Marie et Joseph une surabondance de grâces, la bénédiction de ceste pierre a esté faite par Monsieur Lebas licentié de Sorbonne confesseur de ce Monastère et supérieur du Séminaire de Monseigneur

Claude-Maur Daubigné archevesque de Rouen. L'architecte de ceste édifice est le vertueux F⁵ Pierre Caumont profest du Couvent de S¹ Jacques de l'ordre des F.F. Prescheurs et le maître mascon le S⁵ Romain Gravois très habile et entendu dans sa profession. Il nous est bon d'estre icy. MATT., XVII.

« Ceste planche a esté gravée par le S⁵ P. Renault dans la cour du Palais A Rouen. »

DEUXIÈME PARTIE

I

En quittant le monastère, les sœurs, vêtues

de l'habit séculier (1), se retirèrent isolément ou par petits groupes, les unes dans leurs familles, les autres, et ce fut le plus grand nombre, dans les logements qu'elles avaient loués en ville. La mère Delahaye vint habiter avec sept religieuses à l'extrémité du faubourg Saint-Sever; la T. H. mère de Belloy devait être dans l'intérieur de la ville avec les sœurs Maillard, Wollaston, Revel, de l'Estendart et Delacroix : d'un œil attentif, elle suivait l'agonie de ce beau monastère qu'elle avait tant aimé, pour lequel nous l'avons vue se dépenser sans relâche, et dont les richesses allaient disparaître une à une, comme tombent à l'automne ces feuilles que les frimas ont touchées.

Parmi les objets précieux garnissant la chapelle, il s'en trouvait un qui lui tenait particulièrement au cœur et que sa piété voulait soustraire au danger d'une profanation : c'était le corps de sainte Claire, martyre, présent vrai-

______

(1) 19 Martii 1792. *Facultates ab apostolicâ sede concessæ... licentia regularibus qui extra conventum vivere et regularem habitum dimittere coacti sunt induendi vestes sæculares... tamen convenientes, ac permanendi in eo habitu sub obedientiâ Ordinarii... firmâ tamen remanente votorum bligatione.* Pii VI, *Acta.* vol. I, p. 288.

ment royal que le pape Innocent XII avait tiré
du cimetière de Saint-Cyriaque en 1698 pour
l'offrir « à Sa Sacrée Majesté, la Reine d'Angleterre », et que cette pieuse princesse avait con-
cédé au premier monastère de la Visitation de
Rouen comme un gage de son estime pour la
mère Marie-Louise Croiset qu'elle avait connue précédemment à Chaillot (1). Les fidèles
ne tardèrent pas à entourer ces reliques de
leur vénération, et bientôt la générosité d'un
donateur permit de les enchâsser magnifiquement.

Il semble bien que la mère de Belloy se soit
hasardée à faire une démarche auprès des administrateurs dans le but de préserver ce trésor,
car le département, qui avait été saisi d'une
demande analogue en faveur des Emmurées,
répondit le 7 décembre 1792 au district « qu'i
en serait usé de même à l'égard des reliques
de Ste-Claire étant au couvent de S^{te}- Marie,

(1) Marie-Béatrix d'Est, épouse de Jacques II, n'avait
accepté cette alliance qu'à la prière du pape qui lu
demanda de sacrifier sa vocation religieuse aux intérêts du
catholicisme en Angleterre dont elle devenait la reine ·
Elle voulut être enterrée dans la chapelle du monastère de
Chaillot avec le saint habit de la Visitation.

rue Beauvoisine », à savoir que « la châsse serait mise en vente » et le corps délivré « à l'Évêque pour être par lui rendu à la terre (1) ».

Or cet évêque était Gratien qui avait remplacé le 27 février M. Charrier de la Roche, démissionnaire. Ancien lazariste, professeur de théologie et supérieur du séminaire, puis vicaire-épiscopal de Chartres, il lui manquait une seule vertu, mais une vertu capitale : la soumission ; et, chose surprenante, cet homme profondément instruit, austère dans ses mœurs, persécuté par la Terreur, vivra et mourra impénitent ! Soit qu'il ait cédé à des sollicitations indirectes, car il avait une nature bienveillante, soit que lui-même eût senti tout à coup se réveiller son âme de prêtre, Gratien ferma l'oreille aux obligations que lui créaient les administrateurs, et fit remettre le corps de la sainte martyre aux mains très pures qui étaient si dignes de le garder.

Les religieuses dispersées ne demeuraient pas dans la même ville, comme ces captifs qui n'ont plus d'espérance et ne se souviennent

(1) Arch. dép., Reg. des délib. du district, 7 décembre 1792.

pas dans l'affliction de leur félicité passée. A certaines heures du jour, elles se réunissaient pour prier en commun ou pour assister au saint sacrifice de la messe (1). C'est ainsi que le 21 novembre, à l'appel de la supérieure, elles renouvellent leurs vœux au nombre de vingt-cinq dans un oratoire particulier et consignent cet acte sur le livre de la communauté. « En 1792, écrit la sœur Thieullen, nous sommes hors de nos couvents, à la garde de Dieu! »

En effet, ces saintes filles, comme les filles de saint Vincent de Paul, n'avaient plus d'autre voile que celui de la modestie. Le moment parut opportun à leurs supérieurs ecclésiastiques pour leur fournir une règle de conduite destinée à les guider dans une situation si nouvelle.

Un cahier manuscrit se retrouve dans les archives du premier monastère de la Visitation ; il a pour titre : *Aux religieuses nouvellement dispersées dans le monde, 1792.* Et, bien qu'il

(1) *Quisquis debet versari in sæculo memor vocationis suæ, tenax disciplinæ et vitæ regularis... studio etiam paupertatis, quantum pro novâ vivendi ratione fas erit, addicti sint.* — PIE VI, *Acta*, I, p. 47.

ne porte pas de nom d'auteur, quelques personnes ont cru reconnaître en cet écrit la plume
de M. l'abbé de Saint-Gervais. Sous la forme
un peu déclamatoire de l'époque, cet avertissement touche avec une grande élévation de langage à tous les points intéressant la vie des
religieuses, qu'il compare aux Israélites transportés à Babylone. Là, suivant l'expression de
Jérémie, elles verront des dieux d'or et d'argent qu'on adorera; qu'elles se gardent bien de
faire la même chose, et, tandis qu'on se proster-
nera devant eux, qu'elles disent au fond de leur
cœur : « C'est vous, Seigneur, qu'il faut ado-
rer! » Qu'elles restent profondément attachées
à leur chère Sion ! S'il est vrai que Dieu ne fait
rien au hasard, mais qu'il fait tout pour l'avantage de ses serviteurs, les vertus qu'elles trouveront à pratiquer seront bien plus coûteuses et
plus héroïques que celles qu'elles pratiquaient
dans la retraite, et elles ajouteront de nouveaux
degrés à leur perfection.

Quelle occasion pour ces religieuses d'édifier
le monde par leur conduite! Quel triomphe
pour les gens de bien qui ont toujours estimé
leur saint genre de vie! Quelle confusion pour

les impies qui en ont dit tant de mal! Mais, pour atteindre ce but, il est nécessaire qu'elles soient véritablement religieuses, c'est-à-dire des personnes ne vivant qu'à Dieu avec Jésus-Christ et dont le royaume ne soit pas d'ici-bas, mais d'en haut. Ainsi, bien loin de reprendre l'esprit du siècle en reprenant son habit, elles feront disparaître l'ignominie de l'habit séculier qui les couvre en se montrant partout comme revêtues de Jésus-Christ qui les a choisies pour épouses.

Leur premier soin sera donc de se cloîtrer dans le lieu de leur résidence; de ne prendre jamais la moindre part aux affaires, aux bien-séances, aux usages, aux divertissements du monde; d'éviter même la société de telle ou telle personne à qui l'on connaîtrait de la piété ou de la vertu; car, en quittant le monde, une religieuse a quitté également et les bons et les méchants pour ne plus se lier qu'avec Dieu et ses sœurs. Malgré ces précautions, il ne sera guère possible qu'elles n'aient pas plus de com-munications avec le dehors qu'elles n'en avaient ci-devant : ah! c'est dans ces occasions, que, la vertu se peignant dans leurs discours et dans

toutes leurs personnes, elles répandront partout
la bonne odeur de Jésus-Christ ; mais, pour cela,
combien seront-elles obligées de veiller sur elles-
mêmes !

Si elles doivent conserver l'extérieur de leur
état, elles devront plus sérieusement encore en
garder tout l'intérieur et observer dans leurs
petits cloîtres ce qu'elles faisaient dans le
grand : la prière, la lecture, le silence, l'office
divin, le travail, la régularité et la pratique de
la charité. Sur ce dernier point, l'auteur insiste :
dans la composition qu'ils ont faite de chaque
rassemblement, les supérieurs ont tenu compte,
autant que possible, de la sympathie des caractères ; mais on n'a pas fait apparemment tout ce
qu'on aurait voulu, encore moins ce que Dieu
n'a pas voulu ; les sœurs s'attacheront donc à
supporter celles de leurs compagnes qu'elles
n'aimeraient pas par inclination ; elles y trouveront un exercice de volonté profitable, un
accroissement d'humilité, de patience, de douceur, et les personnes séculières diront d'elles
ce qu'on disait des premiers chrétiens : voyez
comme ils s'aiment !

Rien ne s'opposera non plus à ce que les

religieuses pratiquent la pauvreté; peut-être même le feront-elles par nécessité plus rigoureusement que dans le cloître, ce qui les rapprochera davantage de Jésus-Christ.

La clôture matérielle formée par des murs n'est pas essentielle à la profession religieuse : de tout temps il y a eu dans l'église des vierges consacrées à Dieu qui ont occupé un rang particulier. Ainsi les petites sociétés qui se rendront fidèles à toutes ces pratiques et demeureront soumises à leurs supérieurs, même absents, ne différeront que par leur nombre des communautés entières, et elles garderont entre elles une union aussi parfaite qu'elle fut jamais.

L'observance de ces règles inspirées par un sentiment religieux si élevé supposait, avec le respect du domicile par les pouvoirs publics, le maintien de la liberté de conscience et de la liberté individuelle; mais le vent de malheur qui passait alors sur la France allait toucher cette vieille cité rouennaise demeurée jusquelà si rebelle aux idées révolutionnaires. Le 31 août 1792, on avait affiché sur les murs un décret de l'Assemblée qui condamnait à la

déportation tous les prêtres insermentés (1).
Un grand nombre demandèrent alors leurs pas-
seports et s'exilèrent volontairement; d'autres,
plus courageux, voulurent demeurer à leur
poste; on leur interdit le port du costume ecclésiastique (2), mais on toléra leur présence et
beaucoup pouvaient encore célébrer la messe
dans les églises; souvent ils la disaient en même
temps que les constitutionnels, et, quand on

(1) Ce décret de proscription générale, rendu le 26 août
1792 par l'Assemblée législative, s'applique en bloc à tous
les prêtres insermentés. Il les divise en deux catégories :
le clergé paroissial et les ecclésiastiques non fonctionnaires.
Les premiers ont quinze jours pour quitter la France, sinon
ils seront déportés; quant aux seconds, ils sont déportables
au gré des administrations. Le culte catholique est donc
supprimé légalement.

La loi du 18 mars 1793, rendue par la Convention,
décide que les prêtres, dans le cas de la déportation, seront
mis à mort dans les vingt-quatre heures.

Arrive enfin la loi du 21 avril 1793 : les prêtres asser-
mentés sont déportables pour incivisme, c'est-à-dire s'ils
remplissent leur ministère; or, étant déportables, ils peuvent
être mis à mort dans les vingt-quatre heures.

Ainsi, par l'effet de ces deux lois combinées, tout culte
disparaît. Un prêtre, même constitutionnel, qui l'exerce,
est passible de la peine de mort. (SCIOUT, *op. cit.*, tome IV,
p. 830.)

(2) Arrêté du directoire de département du 10 septembre 1792. — Arch. dép., Reg. des délib.

voyait un prêtre sortir de la sacristie et se diriger vers un autel revêtu de ses ornements sacerdotaux, on entendait les fidèles chuchoter entre eux ces paroles : « Est-ce un bon?... (1). »

Le 21 mars 1793, le directoire du département se résigne brusquement à faire exécuter la loi : il ordonne à ces prêtres de se constituer prisonsonniers dans le délai de huit jours au séminaire de Saint-Vivien transformé en lieu de détention.

La veille, comme un dernier rayon vient éclairer la fin du jour, la mère de Belloy recueillait une épave, précieuse entre toutes, parmi tant de débris qu'elle avait déjà sauvés du naufrage. Lors du dépouillement de la chapelle, le 2 octobre 1792, un reliquaire de bois doré protégé sur les quatre côtés par des panneaux en glace et renfermant des reliques de saint François de Sales, de sainte Chantal et des saints Aimé, Gaudens et Fortunat, avait été transporté dans la grande salle, ou réfectoire des religieux de

(1) *Rouen sous la Révolution française,* par Eustache DE LA QUÉRIÈRE. — Biblioth. munic. Mns. supplément, n° 93.

Saint-Dominique. Il était demeuré là dans l'oubli jusqu'au 20 mars de l'année suivante. « Ce dit jour, le reliquaire fut ouvert du consentement tacite de l'Évêque constitutionnel et de N... administrateur et conservateur des différents objets étant en dépôt dans le sus dit Couvent de Saint-Dominique (1), et les différentes reliques qui y étaient enfermées, ensemble les différens procès-verbaux constatant leur authenticité, en furent retirées et aussitôt transportées en la maison occupée par Madame de Belloy, supérieure du Monastère de Sainte-Marie, et vérifiées en sa présence et celle de plusieurs religieuses de la Communauté du dit Monastère. Lesquelles après les avoir reconnues ainsi que les susdits procès verbaux, les déposèrent dans une boette, ensemble un paquet contenant les dits procès-verbaux scellé du sceau du dit Monas-

---

(1) Ce personnage, que le procès-verbal ne nomme pas, paraît bien être Charles-Jacques-François Le Carpentier, peintre et graveur, mort à Rouen en 1822, et qui prit une part si intelligente à la formation du musée. Un artiste parisien, Bellot, avait été chargé le 6 octobre 1792, par le département, du soin de visiter les maisons religieuses de femmes; mais sa mission semble avoir eu pour objet l'enlèvement et le transport plutôt que la conservation des objets d'art. (Reg. des délib. du départ.)

tère. » Et du tout elles dressèrent un rapport qui est signé comme suit :

Sr Madeleine-Anastasie DE BELLOY, supérieure ;

Sr Madeleine-Angélique MAILLAKD ;

Sr Marie-Xavier DE L'ESTENDART ;

Sr Marie-Madeleine-de Chantal DELACROIX ;

Sr Marie-Anne-Dominique WOLLASTON-JOHNSTON ;

Sr Thérèse-Augustine REVEL.

Mais ce ne furent pas seulement les reliques et les raretés de la bibliothèque qui échappèrent au vandalisme de cette funeste époque ; des tableaux à l'huile de toutes grandeurs, des gravures, des ornements d'église, le coffre à trois clefs, nombre d'objets précieux furent encore sauvés par la mère de Belloy, soit que l'administration locale ait volontairement fermé les yeux sur ses reprises, soit qu'elle-même ait profité pour les ressaisir du pillage général ou des ventes à vil prix qui précédèrent l'affectation des anciens couvents à des services publics (1).

(1) Parfois des huissiers s'entendaient avec les proprié-

La plus grande préoccupation d'une supérieure, en ces conjonctures difficiles, était de procurer à sa communauté l'assistance au saint sacrifice de la messe. Trois aumôniers, MM. Léger, Lamourette et Duhamel, faisaient avant la dispersion le service de la chapelle; mais, en l'absence de documents précis, il est difficile de dire dans quelle mesure et jusqu'à quelle époque ils purent exercer leur ministère; ce qu'il y a de certain, c'est que, le 1ᵉʳ avril, un comité de surveillance avait été choisi parmi les pires révolutionnaires de la commune, comme Lecanu, Pillon et Lamine, et que, le 11, il faisait approuver par le conseil général les mesures qu'il avait prises contre les membres du clergé fidèle. Dans le courant du mois, cinquante-cinq ecclésiastiques entrèrent à Saint-Vivien; ceux qui n'étaient pas venus se constituer prisonniers et qui demeuraient cachés en ville où ils exerçaient un culte clandestin furent recherchés partout; les visites domiciliaires se multiplièrent. La Terreur commençait.

taires des biens confisqués, comme l'indique M. Clérembray dans un livre admirablement documenté : *la Terreur à Rouen*. Paris, Picard, 1901, 1 vol. in-8°, p. 72.

En vertu d'un arrêté de la Commune, les propriétaires, locataires, concierges ou logeurs devaient afficher en caractères bien lisibles, au-dessous des croisées du premier étage de leurs maisons, les noms, prénoms, âge et professions de toutes les personnes qui s'y trouvaient habituellement ou d'une manière accidentelle (1). Il parut à la mère de Belloy que l'heure était venue de s'éloigner avec les objets précieux dont elle avait la garde ; on sait trop le sort qui les aurait attendus à Rouen : il n'était pas rare de voir des citoyens offrir à la Société populaire « des hochets du fanatisme », et dans la séance du 8 messidor an II, notamment, il est donné lecture d'un rapport sur des pétitions « tendantes à ce que cette société se saisisse d'une caisse... sur laquelle la municipalité a fait apposer des scellés comme contenant des objets appartenant à une ex-religieuse réfractaire et détenüe en la maison des Gravelines (2).

L'humble famille d'une sœur converse, la sœur Madeleine-Joseph Naasse, qui habitait en

(1) Reg. des délib. de la commune. 1ᵉʳ avril 1793.
(2) Arch. dép. Reg. des délib. de la Société populaire républicaine de Rouen.

la paroisse de Surville, offrit un asile à la mère de Belloy : celle-ci décida de s'y rendre ; mais dans cette retraite champêtre, où elle porta la fermeté courageuse qui l'animait, sa présence fut signalée aux hommes de la police. Un jour, ils arrivent à la ferme. « Où fuir, ma mère? dit la sœur Naase en alarmes. — Là, dans ce champ de blé voisin. » Elle y court et déjà, au souffle de la brise, les épis inclinent leurs têtes comme pour l'abriter. Quand les agents sont partis, on veut avertir la mère de Belloy ; elle a disparu dans cet océan d'une moisson luxuriante, et lorsqu'on parvient à retrouver sa trace, ô merveille! elle est à genoux, faisant oraison avec une tranquillité d'âme aussi parfaite que si elle eût été dans sa cellule.

Parmi les perquisitions de cette époque mémorable, il convient de rapporter celle qui fut opérée chez la sœur Arsène-Angélique de Lézeau, à cause des circonstances émouvantes dont elle fut entourée. Cette religieuse, sur laquelle l'établissement des orphelines de la Légion d'honneur devait jeter un si vif éclat au lendemain de la Révolution, s'était retirée en 1792 auprès de sa mère, dans la demeure que celle-ci occupait à Rouen (1). La fortune et la piété de ces nobles femmes les désignaient aux recherches des commissaires. Un matin, dès la première heure du jour, ils se présentent à leur domicile : on les a vus venir. Une pensée traverse aussitôt l'esprit de la sœur de Lézeau. Dans la chambre la plus reculée de la maison, où chaque jour un prêtre célèbre la messe, se trouve une cachette qui reçoit l'hostie sainte

(1) Marie-Marguerite Ango de Lézeau d'Écouché, issue d'une très noble famille, avait fait profession le 27 décembre 1776 au premier monastère de la Visitation de Rouen. Retirée à Paris après la Terreur, elle y connut les débris de la congrégation de la Mère-de-Dieu qui avait été fondée en 1648 par M. Olier. Avec l'aide de ces religieuses, elle recueillit cinquante orphelines du Xe arrondissement, au petit hôtel de Pont, rue des Saints-Pères, 52, et plus tard, 14, rue du Pot-de-Fer. Cet établissement reçut en 1806 le nom de Maison d'orphelines protégées par S. M. l'impératrice. Le décret du 15 juillet 1810, qui créa six maisons pour recevoir les orphelines de la Légion d'honneur, en confia la direction à la congrégation restaurée sous le titre de la Mère-de-Dieu, dont Mme de Lézeau devint la supérieure générale ; elle prit en cette qualité une part glorieuse à la fondation des établissements de Paris, rue Barbette et rue de Picpus, des Loges, de Barbeaux, et sauva leur existence menacée sous la Restauration. Sa vie a été écrite par M. l'abbé de Verdalle. Bray, 1869, 2 vol. in-8°.

consacrée le matin et destinée à la communion des mourants. Craignant que cette auguste réserve ne soit profanée, elle court à la cachette, se prosterne devant elle, prend le saint ciboire sur son cœur, et, ramenant les plis de son châle qu'elle attache fortement à sa taille, elle se présente la tête haute pour ouvrir la porte. Les commissaires pénètrent partout, sondent les murs, ne trouvent pas de prêtre et s'en vont; mais la sœur de Lézeau, tremblant toujours pour le divin trésor, le garde serré sur sa poitrine, et par respect elle s'abstient de toute nourriture. Le soir, quand le soleil a baissé sur l'horizon, elle sort de chez elle pour aller trouver le prêtre qui est averti du péril; elle va lui remettre le dépôt qu'elle a sauvé, mais soudain une pensée, comme un rayon d'en haut, vient éclairer son visage : elle est dans les conditions rigoureuses du jeûne eucharistique; elle se met à genoux et le prêtre, ouvrant le saint ciboire qu'elle lui a livré, dépose sur ses lèvres l'auguste Victime. Il aurait pu dire, comme la sainte Vierge plaçant l'enfant Jésus dans les bras de saint Vincent de Paul : « Tu l'as bien mérité ! »

Un comité de salut public fonctionnait à Rouen depuis le 29 août, muni de pouvoirs illimités. Les conventionnels Legendre et Louchet, auxquels on venait d'adjoindre Delacroix, étaient là, surexcitant les passions; mais c'est surtout au sein de la Société populaire qu'il convient de chercher le secret et le mobile des actes qui répandirent bientôt la terreur. Cette société, née en 1790, sous le titre modeste de *Société des Amis de la Constitution*, comprenait tout ce qu'il y avait de « patriotes » vrais ou résignés dans la ville; les uns y venaient avec élan, les autres se faisaient inscrire par peur. Dans ces séances où les citoyens et même les citoyennes des tribunes sont invités à prendre part aux discussions, on prépare, on épure, on donne l'estampille ou l'attache à ceux qui veulent parvenir, on suggère à la commune des mesures qu'elle prendra volontiers; et, chose étrange, les procès-verbaux de ces séances qu'on peut supposer tumultueuses sont rédigés et transcrits sur de beaux registres, avec une méthode, une suite et même une calligraphie surprenantes.

Dociles à ces inspirations qu'ils suivaient

avec complaisance, le maire Pillon (1) et le conseil général de la commune, composé des plus purs montagnards rouennais, adoptèrent une série de mesures propres à étouffer « le fanatisme » : le 27 novembre 1793, toutes les églises étaient fermées et l'exercice du culte interdit sous peine de mort (2). La journée du 1er pluviôse, lundi 20 janvier 1794, fut néfaste entre toutes pour les prêtres. Le 18 germinal, 7 avril, un arrêté du conventionnel Siblot, envoyé en mission dans la Seine-Inférieure, ordonnait à ceux qui n'avaient pas livré leurs lettres de prêtrise de se rendre au chef-lieu de leur district pour y déclarer leurs noms et être ensuite dirigés sur une maison de réclusion.

(1) Jean-Pierre-Barthélemy Pillon, qui joua un si triste rôle pendant la Terreur, fut baptisé à Saint-Laurent de Rouen le 23 août 1766. Son père était « officier auneur de poiles de la Ville » et lui-même fut pourvu en 1786 de l'emploi de garde-livres de la Chambre des comptes. Mme de Chastenay le croit noble. (*Mémoires*. Paris, Plon, 1896, 2 vol. in-8°.) M. Cléremblay consacre à ce personnage une étude très intéressante dans son ouvrage déjà cité, p. 274 et s.

(2) En vertu des lois du 18 mars et du 21 avril 1793 dont nous avons fait connaître ci-dessus la barbare économie : le culte est un acte d'incivisme; l'incivisme rend déportable; tout individu déportable doit être mis à mort dans les vingt-quatre heures.

Après les prêtres, les religieuses : on exige d'elles un certificat de civisme portant la signature d'au moins six patriotes bien avérés (1) ; puis les suspects de tout ordre et de tout rang. Le 28 germinal, Pillon provoque la nomination par la commune d'une commission de quatre membres qui sera chargée des visites domiciliaires et de lancer des mandats d'amener (2) ; l'un de ces membres est Desaubris, que nous allons bientôt voir entrer en scène comme surveillant des religieuses à « la prison de Marie ».

Le département et le district rivalisent de zèle avec la commune, et cette activité trouve un nouveau stimulant dans la présence du montagnard Guimberteau (3) dont la Convention va prolonger le séjour à Rouen et qui recevra, le 23 prairial, le témoignage de la joie qu'en ressent la Société populaire (4).

Longtemps avant les autres, dans le cadre

(1) Reg. des délib. de la commune. Séance du 2 germinal an II.

(2) *La Terreur à Rouen*, déjà cité, p. 350, 353 et s.

(3) Le représentant Jean Guimberteau fut envoyé à Rouen par arrêté du 16 frimaire an II.

(4) Arch. dép. Reg. déjà cités.

étroit où se limitent nos regards, la première victime que nous apercevons est la sœur Anne Wollaston, arrêtée le 13 vendémiaire an II, 4 octobre 1793, rue du Petit-Salut, n° 28 (1).

Derrière elle s'avance une pauvre sœur converse, du rang des sœurs domestiques; elle se nomme Françoise Osmont; on l'a trouvée le 24 ventôse, 14 mars 1794, près d'Elbeuf; l'état porte en marge, pour elle comme pour les autres : « Motif d'arrestation, simple cause d'opinion. »

Le 10 germinal, 30 mars, quatre religieuses du chœur, les sœurs Charles de la Blandinière, Delalonde, Guérard et Bellanger (2), sont prises à leur domicile, 190, rue Eau-de-Robec, avec une autre sœur domestique, Charlotte Sellier. On les conduit aux Gravelines, ancien couvent des Clarisses anglaises transformé en maison des suspects depuis le mois d'octobre 1793;

(1) Arch. munic. — Prisons : Sainte-Marie. — Liasse n° 146/5. Tous les détails qui suivent sont empruntés à cette source, à moins d'indication contraire.

(2) Anne-Christine Bellanger était fille d'un marchand. Elle avait été baptisée le 6 juin 1754 en l'église Saint-Vivien de Rouen.

mais déjà cette prison est trop étroite pour recevoir les détenues que l'ardeur de Siblot accumule, et le 19 germinal, 8 avril 1794, le département doit mettre à la disposition du district la maison de « Marie », nom défiguré dans lequel il nous faut reconnaître le second monastère de la Visitation Sainte-Marie, rue Coquereaumont.

Une visite domiciliaire fit découvrir rue des Carmes, n° 86, la retraite d'une modeste servante, la sœur Catherine Godefroy. On pouvait du moins la croire inoffensive, car l'écrou constate qu'elle est infirme ; et, de fait, nous la verrons bientôt mourir en 1796. Infirme aussi, et âgée de soixante et onze ans, était la mère Delahaye quand on l'arrêta le lendemain 6 floréal, 25 avril, dans la maison où elle se tenait cachée, rue aux Chiens, tout au bout du faubourg Saint-Sever, avec les sœurs Catherine Desportes, M.-Marguerite Vallet, Madeleine Thieullen et Louise Rasse. « Ces hommes ne peuvent rien sur nos âmes, disait-elle ; elles sont à Dieu. Mes chères sœurs, soyons tout à Lui et ne craignons rien. » Et elle ajoutait : « Quelque noir que soit mon cachot, pourvu que je puisse seule-

ment voir le ciel par un petit trou, je serai contente (1). »

Ces arrestations se présentent avec une particularité curieuse à noter : le frère d'une des
religieuses, Thieullen, était alors sur le point
d'être élu président de la Société populaire; il
devenait l'homme du jour. Mais, dans ce milieu
redoutable qui épure lui-même tous ses membres, chacun se suspecte et s'observe, et, sans
doute, le futur magistrat suprême de la Cour
impériale n'osa pas dire, même tout bas, le
mot qui eût sauvé sa sœur (2).

Les perquisitions partielles, si fréquemment
répétées depuis le mois de septembre 1792,
avaient bien amené des résultats qui auraient
pu suffire; mais la commune où Pillon et ses
amis régnaient en maîtres rêvait quelque chose
de plus radical encore. Rouen est ville mari-

(1) Arch. de la Visitation.

(2) Pierre-Nicolas Thieullen, né à Guillerville le 17 juin
1751, avocat très éloquent, plaida dans un procès pour
les carmes et fit pleurer l'auditoire. Il embrassa les idées
nouvelles avec ardeur, devint le 2 thermidor président de
la Société populaire, et mourut à Rouen le 29 septembre
1811, baron de l'empire, premier président de la cour
d'appel et commandeur de la Légion d'honneur.

time : le comité de salut public l'a rangée dans cette catégorie; donc, aux termes du décret du 27 germinal, 16 avril 1794, aucun noble, aucun étranger ne peut l'habiter. C'est le prétexte : et ces hommes, qui eussent été si volontiers sanguinaires, multiplient leurs recherches dans les maisons suspectes; la Convention a rapporté le décret qui ne les autorise que dans le jour (1). On visite, on arrête même la nuit.

Mais la mesure terrifiante qu'imagine Pillon, soit qu'elle ait germé dans son esprit, soit qu'elle lui ait été suggérée par Guimberteau, c'est un bon « purgatif », une battue qui délivre la ville de tous « ces scélérats ». Il convoque pour le 23 floréal au soir, tous les frères de la Société populaire qui viennent au nombre de soixante. « Cette nuit à deux heures, leur dit le maire, on battra la générale; la ville sera cernée dès onze heures du soir... Une heure après la générale, le rappel sera battu... Six cents hommes des plus purs patriotes et des plus prononcés seront divisés par dix, et ces

(1) *La Terreur à Rouen*, p. 372 et s.

dix seront dirigés par les membres du conseil général et du comité de surveillance. Le reste de la troupe fera des patrouilles au dedans et au dehors (1). »

Les choses se passèrent comme elles étaient annoncées. Quelles ne furent pas les angoisses de ceux qui savaient être dans la catégorie des suspects lorsque au milieu de cette nuit du 24 floréal an II, 13 mai 1794, les roulements sinistres du tambour se firent entendre !

Opérant avec le 11ᵉ bataillon rue de la Perle, Dieu, officier municipal, et Lotte, membre de la Société populaire (2), trouvent au n° 14 « la citoyenne Bosquet, veuve du C. Bosquet-Chaumont (3) cy-devant noble ou

(1) Hôtel de ville. Délib. du 23 floréal an II reproduite par Gosselin, *Journal des principaux épisodes de l'époque révolutionnaire à Rouen de 1789 à 1795.* — Rouen, 1867, 1 vol. in-8°, p. 179 et s.

(2) Ci-devant prévôt du collège des chirurgiens, élu notable le 13 janvier 1793, Dieu fut chargé le 17 octobre suivant, en qualité d'officier de santé, des soins à donner aux malades dans les maisons de sûreté des Gravelines et de Marie.

(3) Marie-Françoise-Claudine de Rémy était veuve de Jacques-Joseph-Louis Bosquet de Saumont, ci-devant seigneur et patron de la paroisse de Saumont, mort à Rouen le 8 pluviôse an II. Elle fut renvoyée le 9 floréal à l'accu-

regardé comme tel », et « dans le même appartement qui est sur le devant une autre citoyenne... » Elle déclare « s'appeler L'Étendart, ex-religieuse du premier Monastère de Marie » ; et, pour qu'il n'y ait pas de doute possible, elle ajoute : « non assermentée, ce qu'elle signe » avec les agents (1).

Quand on se nomme l'Estendart et qu'on porte un lion dans ses armes, on ne craint pas de déployer sa bannière (2).

« Dans la même maison, au deuxième étage, sur le derrière, » est une ancienne religieuse

sateur public du tribunal criminel comme mère d'émigré. Sa fille unique avait épousé le 30 juin 1788, à Saint-Godard de Rouen, Marie-Nicolas Corneille, chevalier, conseiller au parlement, fils de M. J. Corneille de Beauregard, chevalier, ancien capitaine de cavalerie, etc. M. de Beaurepaire, le savant archiviste auquel je dois de si précieuses indications, assure que, « du vivant même de l'auteur du *Cid*, il existait à Rouen une famille Corneille de Beauregard, plus riche, plus ancienne que celle qui tire son illustration d'œuvres littéraires immortelles. »

(1) Arch. mun. Liasse unique intitulée : *Battues de floréal an II*.

(2) L'Estendart, maison très ancienne de la généralité de Rouen; mtn : 30 août 1698. La religieuse était fille d'Antoine-Charles de L'Estendart, ancien capitaine dans le régiment d'Artois, et de Marie-Françoise de Banastre.

des Nouvelles Catholiques de Rouen (1), appelée Tholmen. Les scellés sont apposés sur les appartements des trois citoyennes qui sont aussitôt envoyées avec Gravelines.

Le même bataillon et les mêmes commissaires arrêtent rue de la Cigogne, n° 8, la sœur « Marie-Louise Grandin » de Mansigny (2) ; elle non plus ne tremble pas, car elle est d'une race de soldats comme sa cousine Suzanne Grandin de la Gaillonnière arrêtée, en même temps qu'elle, 17, rue des Carmélites.

Voici maintenant une autre figure qui passe devant nos yeux. Louise-Catherine Adam n'est pas une ex-noble ; c'est une fille du peuple baptisée à Sainte-Croix-des-Pelletiers de Rouen le 30 juillet 1759. Son père n'était qu'un simple artisan. Quand il l'a conduite au premier monastère de la Visitation : « Ma mère, dit-il à la supérieure, je vous amène une enfant qui ne sait faire qu'une chose, c'est de prier

(1) Ce couvent avait été établi en 1675, rue Étoupée, pour recevoir et élever les protestantes converties.

(2) Elle était née le 27 mai 1740 à Saint-Domingue ; son père, Michel-Joseph Grandin de Mansigny, était aide-major des milices des habitants de Marche-à-Terre ; sa mère se nommait Marie-Luce Michel.

Dieu. » Grande a été sa mortification : elle a fait vœu de ne jamais écrire hormis son nom.

Et maintenant, laissons la parole au procès-verbal qui donne une si vive impression de ce que dut être cette nuit terrible :

« L'an deux de la République française, une et indivisible et impérissable, cejourd'hui 24 floréal, j'ai soussigné Jean-M.-Dominique Lambert, Membre du Conseil général de la Commune révolutionnaire de Rouen (1), accompagné du Citoyen Durand, Membre de la Société révolutionnaire et populaire de cette Commune, au nom de la Loy et en exécution de la délibération du Conseil général de la ditte Commune, nous sommes transportés sur les trois heures et demie du matin sur la place d'Armes du 3ᵉ Bataillon dite *de la Régénération* où nous étant mis à la tête d'un détachement de dix hommes et d'un officier, nous avons parcouru la 7ᵉ partie de l'arrondissement du 3ᵉ Bataillon consistant

(1) Cet homme déposa comme témoin dans l'instruction du procès qui amena les malheureux frères Lentaigne devant le tribunal révolutionnaire de Paris et les fit monter sur l'échafaud le 11 juillet 1794. Il ne faut pas le confondre avec un autre Lambert, président du comité de surveillance.

en rue de la Femme Blanche et place de la Régénération ; montés rue de la Femme Blanche au II⁰ étage de la maison portant n° 1, nous avons frappé chez la C⁰ Adam, bonnetière, à laquelle nous avons demandé si elle logeait quelqu'un ; elle a répondu avoir avec elle sa sœur couchée dans un cabinet voisin qu'elle occupe depuis sa sortie du Couvent de la Visitation ; entrés chez la d⁰ ex-religieuse, nous l'avons invité de se lever et ensuite nous avons apposé le scellé, sur la porte de la chambre, du cachet en marge, dont la C⁰ Adam, bonnetière, s'est rendue caution, ce qu'elle a signé.

« *Signé :* Louise ADAM.

« Ensuitte, nous avons fait conduire la C⁰ Louise Françoise Adam, ex-Religieuse de la Visitation, aux Gravelines, sous la garde des C⁰⁰ L⁰ Bonnet et Lenormand.

« *Signé :* LAMBERT.

« DURAND (1). »

L'infortune rapproche les malheureux. Dans la même maison se trouvaient « deux ex-nobles »,

(1) Arch. mun. *Battues de floréal.*

la veuve et la fille d'un médecin de Rouen, le C. Jean-Baptiste Rouvray d'Aubigny, « qui furent invitées de sortir de leur chambre ».

Des perquisitions (1) firent découvrir les sœurs Marguerite Maillard et Anne Devausse, la première rue Damiette, 49 (2), la seconde rue de l'Hôpital, 35 ; et quand nous aurons encore signalé l'arrestation d'une pauvre converse de soixante et onze ans, nommée M.-Madeleine Hébert, qui se cachait rue Saint-Nicaise, n° 9, et dont l'écrou mentionne l'état d'infirmité, il semble qu'il ne restera rien à dire sur cette battue lugubre du 13 mai 1794.

Les victimes recrutées étaient conduites, au milieu des agitations de la foule, au couvent des Gravelines, et entassées dans ce lieu en nombre si considérable qu'elles pouvaient à peine s'y mouvoir.

Une commission de neuf membres de la

______

(1) Arch. mun. Liasse n° 146/5.

(2) Il n'est pas surprenant de retrouver en ce lieu la sœur Maillard qui était fille d'un marchand de la rue Damiette. Elle avait été baptisée le 2 novembre 1740 à Saint-Maclou par Mᵉ Abraham Maillard, prêtre de Saint-Vincent. Sa mère, Marguerite-Madeleine Subito, appartenait aussi à une famille de négociants rouennais.

commune désignés le 25 floréal au soir, et qui s'adjoignirent trois membres du comité de surveillance, se partagea en trois bureaux pour interroger les détenues et décider de leur sort. Il semble résulter de l'examen des procès-verbaux qu'on s'attacha surtout à l'audition des personnes suspectes ou dont la situation ne paraissait pas nettement établie; mais, pour les religieuses, le doute n'était pas possible; leur incivisme était flagrant et les arrestations furent toutes maintenues.

Afin de dégager les Gravelines, on dirigea toutes les religieuses sur le couvent de Sainte-Marie qui leur fut spécialement affecté. Elles s'avancèrent à travers les rues, deux à deux, comme à une procession, entre une double haie de soldats; et, par une fantaisie étrange de la fortune, en tête de ce cortège marchaient deux carmélites : la sœur de l'Estendart et la sœur de la Croix (1). Ne savons-nous pas déjà que le pre-

(1) Angélique De la Croix, prieure, cinquante-cinq ans, et Marie-Antoinette-Félicité de l'Estendart, quarante ans, arrêtées le 24 floréal. La dernière, née à Esclavelles (Seine-Inférieure) le 7 juin 1754, était une sœur cadette de la visitandine.

mier monastère de la Visitation comptait aussi des religieuses du même nom dont l'une était au nombre des prisonnières, comme si toutes eussent voulu déployer à l'envi la bannière du Christ : *Vexilla Regis prodeunt?*

L'attitude de ces religieuses était à la fois si modeste et si noble, il y avait dans ce défilé quelque chose de si impressionnant et de si nouveau, que la foule, étonnée par ce spectacle, manifesta des sentiments de commisération et de respect.

La prison de Marie était sous la garde d'une concierge chargée des fonctions d'économe et qui se nommait Françoise Sercieux (1). Ex-engagée au bataillon des volontaires de la Seine-Inférieure, mélange de femme et de soldat, large enveloppe, tempérament de fer et cœur d'or, tout porte à croire qu'elle avait sollicité l'emploi de geôlière dans l'unique but de sauver les détenues, ou du moins d'adoucir leur sort.

Dès qu'elle aperçut le cortège des religieuses, Françoise l'accueillit par des imprécations, criant de toute la force de ses poumons : « Les

(1) Arch. mun. Gravelines. Liasse n° 146/4.

voilà! les voilà, mes nonnes! » Et, comme si elle eût cédé à l'action d'une colère furieuse, elle fit entrer précipitamment ses prisonnières dans l'église dont elle ferma la porte derrière elles, et emporta la clef pour les soustraire aux envahissements du dehors. La première nuit fut pénible; les religieuses la passèrent étendues sur les dalles de cette chapelle où quelques-unes avaient chanté au jour de leur profession : *C'est ici le lieu de mon repos; je l'ai choisi à jamais !* La violence les en avait chassées, la violence les y ramenait et confondait dans l'embrassement de la mort les sœurs des deux monastères.

Le lendemain, on leur assigna des places vacantes dans les greniers. Leur dénuement était extrême, mais Françoise quêta parmi les prisonnières pour ses recrues de la dernière heure : « Donnez, disait-elle, donnez à mes nonnes qui n'ont rien! » Et des compagnes d'infortune, femmes de qualité ou autres, dont il y avait quelques-unes à Marie, se dépouillèrent, celle-ci d'un matelas, celle-là d'une couverture, croyant vêtir Jésus-Christ lui-même en revêtant ses épouses.

Le sort des religieuses n'était pas encore définitivement réglé. Il fallait procéder à l'examen de leurs meubles pour savoir s'ils ne renfermaient pas des pièces compromettantes qui eussent justifié leur renvoi devant le tribunal révolutionnaire. Cette opération fut l'œuvre des jours suivants, comme on peut s'en rendre compte par la pièce caractéristique qui va suivre :

« L'an deux de la République Française une et indivisible.

« Cejourd'hui, 9 prairial (28 Mai 1794), Nous soussignés Lambert et Thébault membres du Conseil Général de la Commune révolutionnaire de Rouen, munis du procès-verbal ci-contre de l'arrestation de la C^{ne} Louise Adam, ex-religieuse, nous sommes transportés à Marie d'où l'ayant fait sortir et amener à son domicile rue de la Régénération (1) nous avons reconnu et fait reconnaître le scellé que nous avions apposé sur la porte de la Chambre, dans laquelle entrés, et visite faitte en sa présence, nous n'avons trouvé après recherche la plus exacte

(1) Lisez : rue de la Vicomté, n° 5.

que des images et livres de dévotion dont nous nous sommes emparés et que nous avons ficellés et cachettés du sceau en marge ; ensuitte nous avons reconduitte la susditte Louise Adam en la maison Marie après avoir déchargé la citoyenne Adam sa sœur du scellé ci-devant apposé.

« Rouen, le jour et an que dessus.

« *Signé :* Louise ADAM.

Louise-Monique ADAM.

THÉBAULT.

LAMBERT (1). »

Croit-on maintenant que tout est fini, que les horreurs du 24 floréal ont satisfait Pillon, qu'il a pleinement réussi comme il l'a dit lui-même à la Société populaire ? Non, certes. Des victimes ont passé à travers les mailles trop larges de ses filets. Quarante-deux prisonniers, échappés de Vernon, sont venus se réfugier à Rouen ; il convient de les rechercher dans les maisons suspectes ; et, si des encouragements sont nécessaires, le département ne marchan-

(1) Arch. mun. *Battues de floréal.*

dera pas les siens, car, le 25 floréal, le vieux Bouvet, au nom de l'administration qu'il préside, a remercié le conseil général de la commune de son obligeance à lui communiquer les mesures de sûreté révolutionnaires adoptées la veille (1).

On arrête encore les sœurs Hélène Dusaussay et Luce Cavelier (2), ci-devant professes du premier monastère de la Visitation; et le 16 prairial, 4 juin, au cours d'une visite domiciliaire, Romain Lecamus, membre du conseil général de la commune, rencontre la citoyenne Adélaïde Adam qu'il interroge :

— « As-tu père, mère, frères, sœurs, et où sont-ils? — Je n'ai point de père; j'ai ma mère avec qui je vis et cinq sœurs dont une ex-religieuse détenue à Marie, et les autres sont établies dans la ville. Je suis ouvrière couturière...

« A elle demandé comment elle a vu la Révolution.

(1) Reg. des délib. de la comm.

(2) La date précise de leur écrou fait défaut. Elles figurent, le 11 septembre 1794, au nombre des détenues arrêtées depuis quatre ou cinq mois. La sœur Dusaussay, pour des motifs que nous ignorons, est déjà « sortie » le 13 novembre. Arch. mun. Liasse n° 146/5.

« A répondu qu'elle la toujours vu avec plaisir jusqu'au moment où elle a été mise en arrestation ; et depuis ce moment qu'elle ne la voit plus du même œil...

« A elle demandé comment elle a vu tomber la tête de ce scélérat Capet.

« A répondu qu'elle la crut utile pour la chose publique, mais elle n'en a pas été contente n'aimant pas la destruction... »

Lecamus, en bon montagnard qu'il est, écrit de sa main au bas du procès-verbal : « J'ajoute que j'ai demandé à plusieurs de ses voisins s'ils la connaissaient ; ils m'ont déclaré la connaître pour aristocrate... » Et le 19 prairial, 7 juin, Adélaïde Adam, « mise en arrestation comme suspecte d'incivisme et d'aristocratie, » va rejoindre sa sœur Louise à Marie (1).

La loi du 2 nivôse an II, 22 décembre 1793, avait remis au district le soin de régler le régime des maisons *d'arrêt;* mais il ne paraît pas que cette question ait jamais préoccupé beaucoup l'administration révolutionnaire avant le 29 brumaire an III, 19 novembre 1794. Jusque-

(1) Arch. mun. *Battues de floréal.*

là, les religieuses reçurent une pension alimentaire de vingt sols par jour et furent abandonnées pour le surplus à leurs propres ressources ou à celles que leurs familles pouvaient leur procurer.

Les denrées coûtaient alors fort cher, à cause de la rareté des subsistances. Pour se nourrir à moins de frais, les prisonnières achetaient ce qu'on appelle communément des restes ; et, bien qu'on eût fait établir « un four de boulanger à la maison de Marie (1) », le pain qu'on leur vendait était parfois si dur et si ancien qu'il paraissait moisi ; elles devaient tout payer, jusqu'à l'eau de leur citerne.

La mère Delahaye unissait ses privations aux sacrés jeûnes du Sauveur ; elle s'était accoutumée, dès les premières années de sa vie religieuse, à une sévère mortification : quand elle ressentait les tourments de la faim, elle se mettait à faire oraison, et, se rappelant alors que l'homme ne vit pas seulement de pain, elle trouvait dans la prière le soutien de ses forces corporelles.

(1) Compte du 24 pluviôse an III. Arch. mun. Liasse n° 146/5.

La geôlière se montrait parfois dure et brutale ; elle avait pris en particulière aversion la sœur Louise Adam et ne se gênait pas pour lui donner des soufflets. Lorsque les vivres manquaient à l'heure de la distribution, il lui arrivait de dire : « Je n'ai plus rien ; va-t'en, ou je vais te donner un coup de pied qui te servira de pain. » La mère Delahaye lui marquait presque de la reconnaissance ; il semblait qu'elle recherchât l'occasion d'être rudoyée. Comme on lui en faisait la remarque : « J'aime cette femme, » disait-elle. Et elle comparait ces avanies aux humiliations de Notre-Seigneur dans sa passion.

« La police de la maison de sûreté ditte Marie » était depuis le mois de floréal an II, mai 1793, entre les mains de Bénicourt (1), membre du comité de surveillance, auquel la commune

(1) Nicolas Bénicourt, fabricant, sur les Petites-Eaux, élu parmi les notables le 12 janvier 1793, faisait partie, comme membre du comité de surveillance, des autorités constituées le 9 nivôse, 29 décembre, par les conventionnels Legendre, Louchet et Delacroix. Dans les mesures répressives préparées contre les terroristes en vertu du décret du 21 germinal, il était du nombre des trente-sept qui devaient subir la peine humiliante du désarmement. Voir à ce sujet : *la Terreur à Rouen*, p. 489, 490, 512 et 513.

adjoignit Désaubris la veille du 9 Thermidor (1). Quand ils se présentaient à la prison pour faire l'appel, les détenues en étaient averties par les cris forcenés de Françoise qui, le fusil sur l'épaule, vêtue d'une redingote et coiffée du bonnet rouge, hurlait à travers les corridors : « Venez, citoyens, venez voir mes nonnes ! — Holà ! comme on va vous les faire sauter, tous vos hochets ! » Puis, avançant la tête à la porte d'une cellule ou d'un grenier, elle disait tout bas : « Cachez-moi cela bien vite ! »

Elle était secondée dans son œuvre de soulagement par une sœur converse du couvent des Ursulines, la sœur Fortunat, qui avait eu l'adresse de se dérober aux poursuites, et par Jeanne Canu, veuve Fleury, ci-devant fille de service au premier monastère de la Visitation. Toutes deux se présentaient à la prison comme remplissant l'office de colporteuse et courtière en flanelle, et elles réussirent, sous ce déguisement, à procurer quelques douceurs aux détenues.

C'est sans doute à leur entremise qu'elles durent la consolation d'entrer en intelligence

(1) Pièces visées les 21 floréal an II et 17 frimaire an III. Arch. mun., liasse n. 416/5, et *la Terreur à Rouen*, p. 417.

avec un prêtre (1) qui venait le dimanche, au péril de sa vie, célébrer la messe dans une chambre haute de l'ancien couvent des Capucins situé en face de la prison Sainte-Marie. Un mouchoir blanc, placé à la fenêtre, indiquait aux sœurs en prières le moment où l'Agneau sans tache, immolé sur l'autel, était offert à leurs adorations. Mais Jeanne Canu fut arrêtée « le 15 vendémiaire an III, 6 octobre 1794, rue Coquereaumont, 23, pour quelques propos tenus contre la cocarde dans un moment où elle avait la tête échauffée (2). »

Le 9 Thermidor ne ralentit pas l'ardeur de la persécution, au moins en ce qui concerne les prêtres et les religieuses. A Rouen, le conseil général de la commune feint de le considérer comme un incident négligeable qui ne doit rien changer à la marche des événements. Il prend ses précautions contre les éventualités; et, le 10 au soir, un arrêté du bureau permanent requiert « les concierges des maisons de sûreté de ne laisser sortir qui que ce soit des maisons

----

(1) On croit généralement que c'était l'abbé Ricquier, aumônier du second monastère de la Visitation.

(2) Arch. mun., n° 146/5.

confiées à leur garde... » de ne permettre l'entrée desdites maisons « qu'au citoyen Lacombe, agent du comité de sûreté générale » ; de délivrer à lui seul « les noms des détenus et motifs de détentions (1) ».

Cet ordre est porté par ordonnances, et, dans la nuit du 10 au 11, Pillon, maire, Poret, agent national, et autres, ont été vus se dirigeant vers la prison de Saint-Yon escortés par une force militaire. Il n'en faut pas davantage pour accréditer le bruit qu'il se trame un complot dont le but est le massacre général des prisonniers.

Ce n'était pas la première fois que ces alarmes se répandaient en ville et pénétraient à l'intérieur des lieux de détention. Déjà, dans le mois de ventôse on disait que mille bières avaient été commandées par Poret (2). Une nuit, on avait entendu le glas sinistre du beffroi de Saint-Ouen sonnant le tocsin pour un incendie dont on n'avait jamais vu les lueurs (3). Tout cela donnait quelque vraisemblance à la nouvelle d'une tentative faite pour ameuter le

(1) Arrêté, articles 4 et 5.
(2) *La Terreur à Rouen*, p. 355 et s.
(3) *Ibid.*

peuple contre les religieuses qu'il eût égorgées en masse. Néanmoins, elles ont rapporté plus tard qu'elles s'abandonnaient à la Providence et qu'elles passaient même des récréations fort gaies. Dieu, qui a soumis l'homme à la mort en punition du péché, a permis dans sa miséricorde que l'image de cette heure terrible ne fût pas constamment présente devant ses yeux.

Le prochain départ de Françoise Sercieux était pour les religieuses un nouveau sujet d'inquiétude. Le 9 prairial, 28 mai, il y avait des détenues en si grand nombre à Marie que le comité de surveillance invitait le bureau municipal de la commune à choisir les Gravelines comme maison d'arrêt supplémentaire et à prévenir le public, par l'entremise des frères de la Société, qu'une place de concierge était à donner dans cette prison (1). Le surlendemain, une ancienne chaisière du couvent des Cordeliers posait sa candidature en ces termes :

« *Aux Républicains*
composant la Société populaire de Rouen.

« Citoyens, ayant perdu mon état de chai-

(1) Arch. mun. Liasse n° 146/4. Gravelines.

sière et privée pour le moment de celuy de cor-
donière, le seul ouvrié que j'avais étant en
réquisition pour le service de la République, je
solicite du Comité de surveillance une place de
gardienne d'une maison d'arrest. Sans doute il
consultera votre amours pour le bien public
dans le choix qu'il fera. Je vous prie de m'estre
favorable.

« Dès l'aurore du reigne de la liberté, et
toujours depuis, me suis continuellement ocupée
à remplir les devoirs de bonne citoyenne.
J'atans avec confiance les effets de votre bien-
veilliant recomendation.

« Vive la République, vive la Montagne.

« *Signé :* « Rosalie PILASTRE, femme DÉVÉ,

« Rue de la Régénération n° 63 »

« Veu le 11 Prairial, 2ᵉ année.
« Renvoyé au Comité des Pétitions ;

Signé : DENISE.

« Renvoyé au Comité des Certificats de Civisme ; *signé :* ROUSSEL, Sʳᵉ (1). »

(1) Arch. mun. Liasse n° 146/5.

En effet, la solution devenant urgente, le certificat en question est délivré le 15 thermidor, 2 août, sur l'attestation de onze signataires qui tiennent Rosalie pour « bonne citoyenne et bonne républicaine », et le même jour, « d'après les renseignements pris par le Comité, » la Société populaire accorde « son attache au certificat du Civisme (1) ».

Le 28 thermidor, « les détenues de Marie à l'exception des ex-religieuses » sont de nouveau transférées aux Gravelines, et, Françoise ayant été les rejoindre le 7 fructidor, 24 août 1794 (2), la veuve Dévé, épurée, nommée au choix après éviction d'autres citoyennes (3), entre aussitôt dans les fonctions que vient de lui assurer la Société populaire.

Les détenues auront-elles à souffrir de leur nouvelle gardienne? Nous ne le pensons pas, car Rosalie Pilastre ne dut pas se faire longtemps illusion sur les avantages du poste qu'elle avait obtenu. Les terroristes rouennais l'attei-

____

(1) Arch. mun. Liasse n° 146/5.

(2) Arch. mun. Liasse n° 146/4, Gravelines.

(3) Arch. dép. Procès-verbal de la Soc. pop., séance du 20 prairial.

gnirent par un côté sensible : le 22 brumaire, 11 novembre, elle écrit « aux citoyens composant le conseil général révolutionnaire de la commune » que, « depuis bientôt trois mois, » elle et la portière n'ont encore rien touché de leur traitement; qu'elle n'a reçu aucune accompte des avance qu'elle a faite... déjà elle a présenté plusieurs pétition à ce sujet, mais aucunes n'ont été répondues... »

Elle expose en outre « le besoin urgent qu'elle a de bois pour ses propres nécessités et celles des détenues confiées à sa garde qui, étant d'une famille indigente pour la plupart, ont souvent besoin du feu de sa cheminée, n'ayant d'ailleurs aucune autre sorte de commodité qui puisse adoucir la rigueur de la saison qui va devenir de plus en plus froide... (1). »

Le bureau national, saisi de la demande, répond le 8 frimaire, 28 novembre, en élevant à mille livres le traitement de la concierge (2); mais peut-être « le moindre petit grain de mil eût-il mieux fait son affaire ».

La situation des religieuses n'était pas meil-

____

(1 et 2) Arch. mun. Liasse n° 146/5.

leure que celle de Rosalie. Non seulement les objets de première nécessité tels que matelas, couvertures et autres manquaient totalement dans les prisons, mais on laissait aux détenues le soin de se nourrir elles-mêmes avec vingt sols par jour, sans s'occuper le moins du monde si elles étaient ou non dans le cas de mourir de faim; or ce moment allait bientôt venir.

Le 25 fructidor, 11 septembre, cent cinquante-cinq d'entre elles écrivent au district (1) pour lui représenter « que depuis leur arrestation elles se sont faittes un devoir de ne pas l'importuner pour avoir de quoi vivre, ayant subsisté jusqu'à présent du peu de meubles qu'elles ont vendus; mais quatre et cinq mois de détention a épuisé le peu de ressources qu'elles avaient devant elles et n'ayant aucuns secours quelconques qui puissent les soulager », elles s'adressent « à sa justice et à son humanité... » afin d'avoir « de quoi subsister ».

Parmi les signatures, nous relevons celles de neuf visitandines du premier monastère : les sœurs Rasse, Vallet, Guérard, Delalonde,

____

(1) Arch. mun. Liasse n° 146/5.

Sellièr, Dusaussay, Cavelier, Suzanne et Marie-Louise Grandin ; cette dernière s'inscrit « Grandin l'Amériquaine » (1).

Déjà une note plus clémente se fait entendre dans les délibérations qui ont pour objet le sort des détenues. Guimberteau est parti. Par décret du 13 fructidor, 26ᵉ août 1794, la Convention vient d'envoyer Sautereau en mission dans la Seine-Inférieure, et ce choix n'est pas pour plaire aux montagnards ; il a renouvelé, le 1ᵉʳ jour des sans-culottides, le comité de surveillance ; le 6 vendémiaire, 27 septembre, il se rend à la salle des États, supprime dans un arrêté très court le conseil général de la commune et constitue, sous la présidence de Le Boucher, maire, une municipalité nouvelle (2).

La requête des religieuses pouvait être assurée maintenant d'un examen qu'inspirerait le sentiment de l'équité. D'ailleurs, à l'approche de l'hiver, la question du régime des maisons d'arrêt était à l'ordre du jour, et le district (3)

(1) Arch. mun. Liasse n° 146/5.

(2) *La Terreur à Rouen*, p. 457, 58 et 59.

(3) La compétence en cette matière lui avait été conférée par la loi du 2 nivôse an II.

allait l'aborder avec une confusion d'idées inexprimable.

Le 29 brumaire, 19 novembre, il veut appliquer la loi du 2ᵉ jour des sans-culottides an II,
18 septembre 1794, qui statuait que les pensionnés des deux sexes détenus ne recevraient
aucun traitement et seraient nourris aux frais
de la République à raison de 40 sols par jour;
mais reconnaissant vite « l'impossibilité de
trouver des personnes du même sexe assez
versées dans la manipulation des affaires pour
entreprendre de nourrir un aussi grand nombre
de détenus... sur mémoires et pièces justificatives de la dépense mensuelle... », le district rapporte le 5 frimaire, 25 novembre, son
arrêté du 19, et décide que chaque religieuse
pourvoira individuellement à sa nourriture
comme précédemment. Elle aura droit à une
indemnité de 45 livres par mois, mais sur cette
somme il sera retenu 15 livres pour couvrir
« les dépenses communes telles que bois du
foyer, entretien de la maison, infirmerie, secours
aux vieilles et infirmes, etc..., dont le mémoire
sera présenté par l'économe dans la froisième
décade de chaque mois... ». En réalité, le dis

trict accorde aux détenus une pension alimentaire de 20 sols par jour et l'application de ce régime est fixée au 1er frimaire, 21 novembre.

Maintenant, quel sera le sort de la requête présentée le 25 fructidor par les cent cinquante-cinq religieuses qui meurent de faim et qui attendent une solution depuis deux mois et demi? Le district veut savoir des officiers municipaux si réellement ces détenues ne possèdent « aucun revenu, ni pension de leur famille » ; et sur l'avis donné le 25 brumaire, 15 novembre, par le conseil général de la commune, « qu'à l'exception de trois seulement... elles ont droit à la justice et à la bienfaisance nationale, » il arrête le 6 frimaire, 26 novembre, « qu'un mandat de 6450 livres sera distribué à chacune des ex-Religieuses en présence du commissaire de la municipalité à raison de 20 sols par jour, » et, pour les remplir du montant de leur pension, « depuis le 25 vendémiaire jusqu'au 1er frimaire (1). »

Pour qui sait lire entre les lignes, le district

(1) Arch. mun. Liasse n° 146/5.

n'accorde rien que ce qui est dû, et, si tant est qu'on veuille calculer, il n'est personne capable de dire à quoi peut correspondre le chiffre de 6,450 livres, car le traitement de cent cinquante-deux détenues pendant trente-cinq jours ne donne qu'un total de 5,320 livres. Qu'on se rassure, le district rectifiera l'erreur le mois suivant, car la somme promise ne sera pas payée.

Le 12 nivôse, 1ᵉʳ janvier 1795, sans doute par manière d'étrennes, nous relevons cet arrêté significatif (1) :

« Vu :

« L'état de détresse et de besoin des ex-Religieuses détenues en la maison de sûreté de Marie;

« Vu l'urgence et la nécessité de subvenir à des individus auxquels la loy du 2ᵉ jour des sans-culotides an 2ᵉ accorde des secours ;

« Considérant que leur état de détention les empêche de se procurer des moyens d'existence ;

« Considérant en outre que le silence de la

(1) Arch. mun. Liasse n° 146/5.

Commission des secours publics, déjà consultée plusieurs fois sur cet objet, ne peut être long, mais que la faim et les autres besoins de la nature ne s'ajournent pas;

« Considérant enfin que les 342 ex-religieuses détenues, doivent percevoir chacune pour leurs subsistances une somme de 45 livres par mois,

« L'Agent National entendu,

« Arrêtons qu'il sera délivré au nom de l'économe de la Maison d'arrêts ditte Marie, un mandat de quinze mille trois cents quatre-vingt-dix livres pour être distribuée à chacune des dittes détenues pour les remplir de ce qui leur est dû pour le mois de frimaire dernier, la ditte somme à prendre sur les fonds destinés aux secours publics.

« Et vu le silence de la Commission des secours publics, arrêtons que coppie du présent luy sera envoyée en lui observant que la plus impérieuse nécessité a forcé de prendre provisoirement cette mesure avant d'avoir reçu la décision déjà vivement sollicitée.

« Fait et arrêté en séance publique du district Révolutionnaire de Rouen, le douze nivôse l'an troisième de la République française une et indivisible.

> « *Signée :* CARTIER et GRIEL,
>> « avec paraphe.

« Pour ampliation,
  « *Signé :* DUMEST. »

Tout s'explique maintenant. Le district a rectifié ses chiffres ; dans la somme de 15,390 livres qu'il vient d'allouer, se trouvent compris le mois de frimaire tout entier et l'arriéré depuis le 25 vendémiaire, 16 octobre, jusqu'au 1ᵉʳ frimaire, 21 novembre, qui n'a jamais été payé. Mais si l'on se reporte aux états de payement fournis par la concierge chargée des fonctions d'économe, la confusion augmente. Le 8 frimaire, elle mentionne 195 ex-religieuses françaises; le 12 nivôse, le district en signale 342 ; le 15 nivôse, Rosalie en paye 337 ; le 24 nivôse, elle fournit un état qui s'élève à 318 détenues ; le 1ᵉʳ pluviôse, le conseil général en arrête le montant à 316, et, le 23 pluviôse, l'économe accuse en avoir payé 306 (1)! La nation

____

(1) Arch. mun. Liasse n° 146/5.

ne savait pas exactement le nombre des victimes qu'elle retenait encore sous les verrous.

Un fait du moins paraît acquis. La réaction thermidorienne s'accentue et le régime intérieur des prisons s'adoucit notablement.

L'oratoire des religieuses consistait en une pauvre image de Notre-Seigneur cloué à l'arbre de la croix. Devant elle avaient lieu chaque jour les exercices de piété qui s'accommodaient avec la surveillance de la maison. « Ce qui nous édifiait le plus dans les Visitandines, ont rapporté les religieuses d'Ernemont (1), c'était la suave bonté, la douceur de leurs rapports et leur union entre elles. » Mais cette fusion de leurs deux monastères dans l'étreinte de la captivité éclata surtout le 21 novembre, jour de la fête de la Présentation de Notre-Dame, quand elles se rendirent dans l'ancien chœur des religieuses pour accomplir un acte de fidélité et d'amour qui empruntait aux circonstances

(1) Congrégation enseignante et hospitalière, spéciale au diocèse de Rouen ; fondée en 1690 à Ernemont, elle se développa rapidement dans nombre de villes et de campagnes et avait son établissement principal à Rouen, boulevard Beauvoisine, depuis 1729.

un caractère de si émouvante gravité. Il est un petit livre dont les visitandines ne se séparent jamais : nous l'avons déjà dit, c'est le volume des Constitutions ; elles le portent sur elles, il les avait suivies sous les verrous. Elles ouvrirent ce livre, et, sur ses pages dont la méditation les avait en quelque sorte fondues à la vie religieuse, elles écrivirent le renouvellement de leurs vœux. Nous avons eu sous les yeux quelques-uns de ces volumes : on ne peut se défendre d'un sentiment d'admiration quand on lit des formules comme celles-ci, qui accusent l'intrépidité de leurs engagements : « J'ai renouvelé mes Vœux le 21 novembre 1794 en prison. N. N. N. »

« J'ai confirmé mes Vœux le jour de la Présentation de Notre-Dame, 21 Novembre 1794, au nom du Père et du Fils et du S' Esprit. *Amen.* »

« J'ai fait ma rénovation dans le Chœur des Religieuses étant pour lors en prison dans notre 2ᵉ Monastère de la Visitation Sᵗᵉ Marie de Rouen. N. N. N. »

Cependant la délivrance approchait. Le 16 frimaire, 6 décembre, il est délibéré que les religieuses détenues pour simple cause jouiront de la faculté concédée par l'article 5 de la loi du 12 brumaire et pourront, chaque jour, de dix à deux heures, communiquer avec un ou deux parents ou conseils agréés par le comité révolutionnaire du district; mais qu'en raison du grand nombre des prisonnières, le surveillant de la maison déterminera chaque jour le nombre des communications qui seront autorisées (1).

Avant l'heure où le soleil repart dans sa course pour illuminer le monde, la nuit commence à rougir et des signes précurseurs annoncent le réveil; nous avons déjà saisi les premières lueurs de l'apaisement : le 24 nivôse an III, 13 janvier 1795, la concierge, répondant à une demande du district, « remet l'état des détenues confié à sa garde dans la maison de sureté ditte Marie. » Elle accuse avoir 318 Françaises, 45 ex-religieuses Clarisses anglaises qui forment avec elle et la portière un total de 365 personnes. Elle « sertiffie et ateste que Letout est conforme à sais livres », ce qu'elle signe « Pilastre DEVÉ (2) ».

(1) Reg. des délib. de la commune.
(2) Arch. mun. Liasse n° 146/5.

La demande du district ne tardera pas à s'expliquer; sans doute, elle répondait à une invitation qui lui avait été adressée de Paris et dont le but éclatera bientôt comme un coup de foudre.

Le 29 nivôse an III, 18 janvier 1795, l'agent national Le Coutour se rend au conseil général de la commune; il annonce « qu'il a reçu un Arrêté du Comité de Sûreté générale portant la mise en liberté de toutes les ex-Religieuses détenues à Marie et qu'il vient de le mettre à exécution. Sur sa proposition, l'Assemblée délibère que la Concierge de cette maison remettra à ces ex-Religieuses les meubles et effets qui leur appartiennent (1) ». Mais les prêtres demeurèrent encore quelque temps sous les verrous : il fallait pour leur délivrance que la Convention, tiraillée sans cesse entre deux courants opposés, fît un pas dans la voie de la modération en rétablissant par le décret-loi du 3 ventôse, 21 février 1795, le principe de la liberté des cultes.

Le 14 mars, qui était un samedi, la plupart des prêtres détenus furent rendus à la liberté;

____

(1) Arch. mun. Liasse n° 146/5.

dès le lendemain, les boutiques se fermèrent et il se dit des messes dans un grand nombre de maisons particulières. Le dimanche suivant, jour des Rameaux, il y eut même distribution de buis bénit à l'église de l'ancien couvent de Saint-Louis; mais, le 3 germinal, le conseil général de la commune délibéra que ceux qui voudraient se réunir pour l'exercice d'un culte seraient tenus d'en passer déclaration devant la municipalité, sous peine d'être poursuivis comme fauteurs de rassemblements illicites.

Aussitôt, de courageux citoyens demandèrent qu'il leur fût donné acte de l'intention de faire célébrer chez eux, à certaines heures du jour, le culte catholique, apostolique et romain, et d'y admettre leurs parents et amis. Le 27 germinal, l'église Saint-Pierre-l'Honoré fut rouverte au public, et l'affluence des fidèles aux offices était si considérable que beaucoup de monde se tenait en dehors des édifices religieux sur la voie publique : lueur fugitive, paix éphémère. La Convention s'alarme de la vitalité puissante de l'Église (1), et le 30 mai, 11 prai-

(1) Les prêtres mis en liberté par la loi du 3 ventôse en profitèrent pour ouvrir des oratoires ; dans bien des com-

rial an III, elle rend un décret qui, sous des apparences de liberté, va devenir entre les mains du Directoire une véritable loi d'oppression. Ce décret restituait bien au culte les édifices religieux non aliénés, ce que n'avait pas fait la loi du 3 ventôse, mais il disposait dans son article 5 qu'aucun prêtre ne pourrait y remplir le ministère ecclésiastique « à moins de s'être fait décerner devant la municipalité du lieu où il voudrait l'exercer acte de sa soumission aux lois de la République. »

A première vue, ce serment (1) ne parut pas licite : parmi les prêtres qui sortaient de prison, les uns le refusèrent, les autres voulurent y apporter des restrictions. Le 11 thermidor

muncs, les autorités elles-mêmes rendirent les Églises aux fidèles et le culte se rétablit avec d'autant plus de facilité que beaucoup de prêtres constitutionnels se réconcilièrent alors avec leurs évêques légitimes. *(Mémoires pour servir à l'histoire ecclésiastique pendant le dix-huitième siècle,* par M. Picot, tome VI, p. 429.)

(1) C'est le troisième serment qu'on exige du clergé. La loi du 7 vendémiaire an IV, 29 septembre 1795, y ajoutera cette phrase : « Je reconnais que l'universalité des citoyens est le souverain. » Ce sera le quatrième serment. La loi du 19 fructidor an V en imaginera un cinquième avec la formule de : « Haine à la royauté et à l'anarchie. »

notamment, 29 juillet 1795, cinq « prêtres insermentés, considérant que la liberté du culte et de croyance religieuse étant décrétée..., la soumission exigée ne pouvait avoir pour objet des lois contraires à la foi, à la morale, à la discipline et à la hiérarchie de l'Église catholique, apostolique et romaine, déclarèrent qu'ils vivaient soumis aux lois purement civiles de la République et déterminés à continuer l'exercice de leur culte ». Le conseil général de la commune donna bien acte de la comparution ; mais le comité de législation, consulté, n'admit pas ces formules restrictives : il voulait la soumission pure et simple, telle que l'édictait l'article 5 (1).

Le 28 août, après une mise en demeure, les églises rouvertes furent fermées, et le culte public, à Rouen, fit de nouveau place au culte clandestin.

(1) Reg. des délib. de la comm.

I I

Les religieuses de la Visitation n'accueillirent pas avec la joie qu'on pourrait croire la nouvelle de leur élargissement. Cette mesure était en un sens presque aussi rigoureuse pour elles que la captivité, car elle jetait brusquement dans la rue, sans abri, sans ressources, de malheureuses femmes qu'on avait dépouillées de leurs biens et torturées par mille vexations. Qu'il leur en coûta de quitter ces murs sanctifiés par la souffrance où le rêve défiguré de la clôture leur avait rendu le bonheur de la vie commune! Mais une pensée les consolait dans ce nouveau sacrifice : elles allaient retrouver au dehors les sages conseils d'une mère, et des sœurs dispersées qui accouraient pour les recevoir. Rien ne fut si touchant que cette première rencontre. « Non, nos sœurs, disaient celles qui n'avaient point partagé leur captivité, non ! jamais vous ne saurez ce que nous avons souffert. »

Il fallut d'abord songer à l'existence et demander à Dieu ce pain quotidien qu'il n'accorde pas toujours à nos désirs. Là commence pour la mère de Belloy le vrai temps de l'épreuve. Quand saint Vincent de Paul forma la société des Dames de la Charité, Mlle Legras leur ouvrit une source de revenus en faisant fabriquer par ses filles des conserves qui se vendaient dans Paris au profit de l'Hôtel-Dieu (1). Était-ce ce souvenir qui suggérait aux religieuses dispersées la pensée de recourir à des pratiques semblables pour se procurer des moyens de vivre? Il est permis de le croire, car on les vit bientôt, logées séparément dans les chambres les plus modestes, filer de la laine grasse, puis fabriquer des sirops qu'elles tâ-

(1) *Hist. de Mlle Legras, fondatrice des Filles de la Charité.* — Poussielgue, 1883, un vol. in-8°, chap. VII.

chaient de placer en ville. La mère de Belloy porta le poids de la chaleur; elle souffrit du froid, de la faim; son corps voué à la douleur la torturait sans relâche; écoutons-la parler : c'est la note humaine qui va se faire entendre dans une lettre intime qu'elle adresse à sa belle-mère; mais il paraît intéressant de la recueillir, parce qu'on y saisit, sans aucun effort de style, l'extrémité de la détresse.

« Ce 25 juin (1796).

« Ma chère Maman, j'aurais désiré profiter de l'occasion de mon beau-frère (1) pour vous renouveller moi-même l'assurance de mon tendre respect, mais mon état souffrant et languissant m'ota cette satisfaction. Je profite aujourd'hui d'un peu de mieux que j'éprouve pour avoir le plaisir de m'entretenir un moment avec vous.

Mon beau-frère vous aura sûrement fait part de mon état; j'étois cependant beaucoup mieux

(1) Jean-Antoine Ducla de Péjot, écuyer, gendarme de la garde du roi, avait épousé Marie-Madeleine-Andrée-Valentine de Belloy, sœur de la religieuse.

lorsque je l'ay vu à son retour de la Bataille...
mais depuis son départ je me suis bien apperçue
que ma santé n'est pas encore aussy prête à
revenir que je m'en étais flattée. Quelques
petits mouvemens que j'ay cru devoir faire pour
me loger selon le besoin de ma santé m'ont
occasionné encore une petite secousse;... la
raison pour laquelle j'ay changé de chambre est
que celle que j'occupais était exposée au midi;
ce qui la rendait beaucoup trop chaude surtout
pour moy qui ne peux supporter le soleil; j'ay
eu le bonheur de trouver dans la bonne volonté
de nos voisins et de notre propriétaire une
grande chambre au dessous de celle que j'ay
quittée qui est au Nord et bien plus commode
que l'autre sans qu'il m'en coûte davantage. Je
ne scais si j'y remettray ma santé qui est
délabrée à un point que je ne puis vous exprimer.
Toutes mes compagnes me prodiguent leurs
soins et m'avancent leurs petits moyens; j'ay
tâché aussi pour vous être moins à charge,
ma chère Maman, d'essayer de faire quelques
petits brocantages de sirops que nous faisons et
de dentelles qu'on nous avance; j'ay gagné
quelques petites choses, mais cela me donne un

travail que je doute beaucoup de pouvoir continuer : d'ailleurs tout le monde s'avise des mêmes moyens, ce qui rend le gain très petit, et d'un autre côté mes besoins se multiplient. Mon beau frère m'a renouvellé l'assurance de toutes vos bontés, ma chère Maman ; il m'a dit que vous trouveriez bon que je prisse chez vos fermiers tout ce qui peut m'être nécessaire : comment vous exprimer ma vive et sensible reconnaissance ? Je pleure d'attendrissement en pensant que de tous mes parents et amis, vous êtes la seule de qui je puisse recevoir quelque secours dans l'état presque mourant où je suis et dont j'espère néanmoins encore me tirer par votre charité et bienfaisance maternelle. Je crois que le cœur de ma sœur est fait comme le vôtre et je ne puis même en douter, puisque le même sang qui anime le mien coule aussi dans ses veines avec celui d'une si bonne mère; mais je vous avoue que je n'ay pu m'empêcher d'être sensible à la profonde indifférence que j'ay cru voir en mon beau-frère sur ma situation : je me suis dit pour m'affermir le courage que sans doute il ne la comprenoit pas ou peut-être me trompois-je.

« J'useray donc avec confiance, ma chère Maman, de la bonté que vous avez de me permettre de demander à vos fermiers ce qui m'est nécessaire, mais néanmoins comme je serois fâchée d'en abuser en allant au delà de vos intentions, je vous prie de vouloir bien me marquer jusqu'à quelle somme je puis porter la valleur de ce que je tireray en subsistance, parce qu'après cela je compteray avec eux...

« Je suis avec respect, mon unique et tendre mère,

    « Votre fille et servante,

          « BELLOY. »

La souffrance corporelle et les privations de la mère de Belloy n'étaient rien cependant auprès de la douleur qu'elle avait ressentie en apprenant la mort de sa compagne fidèle, de celle qui était demeurée le plus ferme appui de sa vie religieuse : depuis quelques semaines, la mère Delahaye s'acheminait visiblement vers sa fin. Au sortir de sa prison, elle avait trouvé une petite chambre bien retirée, toute pauvre et remplie de vermine, où elle menait avec une sœur domestique « la vie cachée en Dieu avec

Jésus-Christ ». Quand elle était admise au bonheur d'entendre une messe, on la voyait s'asseoir péniblement le long du chemin pour atteindre le lieu du sacrifice. Elle tomba malade le soir du mercredi saint de l'année 1796. Un prêtre lui apporta la communion dans la nuit, et, comme elle paraissait très accablée et qu'on doutait qu'elle eût sa connaissance, la religieuse qui la veillait (1) lui dit : « Ma Mère, c'est Notre-Seigneur qui vient à vous. » Elle répondit : « Vous êtes mon Seigneur et mon Dieu! » Et, comme si elle se fût réveillée d'un long sommeil, elle adora le Saint Sacrement. Pendant ses derniers jours, elle ne cessa de répéter des versets de la Sainte Écriture et des passages de l'office de la semaine sainte dont elle goûtait vivement les beautés, car elle avait une connaissance approfondie de la langue latine. Vainement lui donnait-on le conseil de suspendre ses efforts ; « il n'est pas temps de se reposer, » disait-elle. Et elle expira le 31 mars, âgée de soixante-douze ans, ayant cinquante ans moins un mois de profession religieuse.

(1) La sœur Marie-Hélène Ternon, du rang des sœurs converses, auteur d'une biographie de la mère Delahaye.

Une humble mais généreuse compagne de sa captivité, la sœur Anne-Marthe Godefroy, du rang des sœurs domestiques, la suivit de près dans la tombe. Elle mourut le 17 décembre 1796; elle avait renouvelé ses vœux intérieurement en 1791 : c'était une de ces âmes simples dont on peut dire qu'elles ne cherchent rien en dehors du devoir de leur existence et qu'elles donnent à la fidélité la forme auguste de l'amour.

Elle fut assistée par la sœur Louise-Françoise Adam, qui était retournée dans sa famille en sortant de prison et qui avait repris ses fonctions d'infirmière, allant d'une malade à une autre avec la douceur égale et consolante de son caractère; mais elle ne savait comment procurer à la mourante les secours de la religion, car le malheur voulait que la sœur Godefroy fût logée dans la maison d'un républicain très exalté. La charité est ingénieuse. « Citoyen, lui dit-elle, cette fille va mourir; je veux faire apporter un lit dans sa chambre et demeurer près d'elle. » Un prêtre entra sous le déguisement du portefaix. N'était-ce pas la parole du Sauveur : « Levez-vous, prenez votre lit et vous en allez en la maison (1) ? »

L'année 1797 marqua dans le relèvement de la Visitation rouennaise une étape décisive. La mère de Belloy toujours languissante, mais dont l'esprit merveilleusement ordonnateur ne se laissa jamais abattre par la souffrance, comprit qu'il y aurait avantage à réunir les ressources de sa famille dispersée en vue d'organiser la vie commune. « Mon Dieu, disait un jour sainte Chantal avec l'accent de la détresse, où voulez-vous donc que je loge vos épouses (2) ? »

Une maison d'apparence modeste, occupée jusqu'à la Révolution par les religieux minimes, était à louer rue Bourg-l'Abbé, n° 5, dans cette partie supérieure de la ville de Rouen qui domine Saint-Ouen et confine à l'ancien premier monastère de laVisitation. Elle se composait de « deux corps de logis, l'un sur la rue, l'autre sur la cour, avec puits et jardin par derrière », et le loyer en était de « mille livres par chaque an payables en valeur métallique argent sonnant et

(1) *Surge, tolle lectum tuum et vade in domum*. MATTH., ch. IX, v. 6.

(2) *Hist. de sainte Chantal*, par M. l'abbé BOUGAUD, ch. XX, année 1619.

non autrement, engagement d'honneur entre les parties ». La mère de Belloy la prit à bail pour trois, six ou neuf années, à compter du 29 septembre 1797, conjointement avec les sœurs Marie-Marguerite de l'Estendart et Marie-Marguerite Heurtault, preneuses solidaires, et elle put sans difficulté y installer une dizaine de ses filles.

On conçoit la prudence qui dut présider à cette première tentative de réunion, si l'on se reporte aux souvenirs d'une époque d'intolérance farouche qu'on a très justement appelée la seconde Terreur. Il fallait avant tout passer inaperçu et bannir soigneusement toute apparence d'un but religieux dans une association de personnes. La loi du 7 fructidor an V, qui rouvrait aux prêtres insermentés et à ceux qui leur avaient donné asile le territoire de la République, avait été rapportée douze jours après, le 19 fructidor, 5 septembre 1795. En vertu de l'article 24 de cette loi nouvelle, le Directoire exécutif était investi du droit de déporter à son gré tout prêtre, même un prêtre assermenté, qui troublerait dans l'intérieur la tranquillité publique ; armé de ce pouvoir arbitraire, il prononça des milliers d'arrêtés de déportation, indépendamment de ceux qui émanèrent des administrations centrales des départements. L'action fut double : le Directoire frappait partout où l'initiative locale épargnait, et bientôt, aux arrêtés, qui légalement devaient être individuels et motivés, succédèrent des arrêtés collectifs, de véritables fournées, établies sur des imputations sans contrôle (1).

La Seine-Inférieure fut un des centres sur lesquels portèrent le plus largement la recherche et l'effort de la persécution, sans doute parce qu'elle était un des départements où la tolérance religieuse s'était le plus longtemps exercée. Les prêtres réfractaires y étaient venus de tous les points de la France : on en compta jusqu'à huit mille en 1793 qui étaient cachés, nourris, protégés par la sympathie populaire (2) ; le jour où les autorités constituées voulurent faire des victimes, elles n'eurent pas de peine à en trouver. Il n'est donc point surprenant

(1) *La Déportation ecclésiastique sous le Directoire*. Introduction et documents inédits, par M. Victor PIERRE. Picard, 1896, in-8".

(2) *Mémoires de M. Baston*, I, p. 376 et 377.

que la supérieure d'une congrégation renaissante se soit montrée fort réservée sous un régime politique où sa demeure était l'objet d'une surveillance particulière de la part de la police. A Saint-Denis, par exemple, le directoire frappe un prêtre « sur le vu d'un procès-verbal duquel il résulte que depuis trois ans, il exerce clandestinement les fonctions de son culte dans la maison des ci-devant chanoines, ·occupée par plusieurs ex-religieuses » ; et, pour revenir à la Normandie, nous relevons au hasard un arrêté signé de Belhoste, l'officier municipal qui s'était présenté les 3 et 4 janvier 1791 au premier monastère de la Visitation afin d'y faire exécuter la loi (1).

La mère de Belloy dut cependant rencontrer quelques facilités, pour assurer sans danger l'exercice du culte, dans la présence à Rouen de son plus jeune frère, M. l'abbé de Belloy; vicaire général de Marseille de 1788 à 1790, il errait, depuis la suppression de ce siège, entre Chambly, Paris et la Provence, et finalement il était venu se réfugier à Rouen, chez une

(1) Arrêté du 18 ventôse an VI. Victor PIERRE, *op. cit.*

amie de sa sœur, Mlle de la Garde, où il vivait dans une gêne qui était alors le sort commun. La mort le frappa à l'heure même où son ministère aurait pu procurer à sa sœur les consolations et les secours qu'elle en attendait pour sa communauté.

On dit généralement, et il est vrai, que le bonheur est une ombre fuyant sans cesse devant nos yeux. La joie pure que ressentait la mère de Belloy en retrouvant la vie commune devait être, comme toutes les autres, tempérée par bien des amertumes; avant l'affliction que lui causa la perte de son frère qui eût pu devenir l'aumônier de sa maison, et dès lors le sien propre, elle se sentit comme accablée par une recrudescence de ses maux et par les difficultés de se procurer des ressources, que diminuait encore la rareté du numéraire. Sa correspondance jette sur les premiers mois de son installation rue Bourg-l'Abbé le jour le plus douloureux.

« Ma chère Maman,

« Je vous demande mille pardons de vous être importune; je sens avec la plus vive reconnoissance toutes les bontés que vous avez

pour moy, mais en ce moment, j'en réclame
un nouvel effet, me trouvant dans un très
grand embarras; je n'ay pu faire autrement
que de m'endetter de plus de 300 livres envers
une amie qui m'a obligée bien volontiers, me
prêtant de tems en tems quelque petite chose;
aujourd'huy j'ay la douleur de la voir très
malade et manquant de beaucoup de choses
nécessaires à la guérison; je ne puis vous
exprimer, ma chère Maman, combien mon
cœur est blessé de la voir dans cette situation
où elle ne se trouve que pour m'avoir obligée.
Je suis d'ailleurs sans aucune ressource pour
moy-même... il me faut toute la confiance que
j'ay en vos bontés maternelles et bienfaisantes
pour oser vous importuner ainsi après tout ce
que vous ne cessez de faire pour moy; je rece-
vray avec la plus tendre reconnoissance ce que
vous voudrez bien faire, soit à titre d'emprunt,
soit à titre de donation, mais je vous suplie de ne
pas différer de venir à mon secours. Il ne m'est
pas possible de ménager actuellement comme
lorsque jetais en santé. Je suis très frileuse, le
bois est très cher; j'ay absolument besoin de
lumierre la nuit ayant besoin de prendre des

tisannes, etc. Je donne beaucoup de peine à celles qui me rendent service, le blanchissage est horriblement cher et tout à proportion... »

La marquise de Belloy se sent émue, mais elle-même a connu la gêne, l'argent est rare ; le 7 décembre, sa belle-fille lui répond :

« J'ai reçu avec bien de la reconnoissance la lettre où vous m'annoncez que vous avez écrit à un de vos fermiers pour me procurer en subsistance les 300 livres de numéraire en question... » Cependant l'hiver se passe ; voici le 3 mars et le secours attendu ne vient pas. « J'ay écrit à Nourry de Fatouville (1), dit la mère de Belloy ; il m'a promis de me faire toucher incessamment les 300 livres que vous voulez bien m'envoyer... Je n'ai pas eu le tems de vous en marquer ma reconnoissance, ayant été prise d'un gros rhume dans la tête et dans la poitrine accompagné de fièvre, ce qui ma retenue au lit jusqu'à ce jour, à l'exception de quelques heures que je me suis levée les jours précédens ; j'ay été réduitte à une diette rigoureuse, je ne suis pas encore forte à beau-

(1) Terre qui appartenait à la marquise de Belloy.

coup près, mais il faudrait que je fusse bien malade pour me priver de la satisfaction de vous témoigner ma vive et tendre gratitude... Je ne puis vous dire le plaisir que vous me faites en m'assurant que votre santé est bonne. J'espère que la mienne va reprendre son petit train comme auparavant. » Puis, tant il est vrai que la vie religieuse n'éteint pas dans le cœur le sentiment de la famille, elle a une pensée pour son neveu : « J'aime beaucoup à entendre parler d'Antoni ; je crois qu'il vous donnera de la satisfaction... Je vous prie, ma chère Maman, de faire mention de moi à tous ceux de mes parens avec qui vous serés en relation. »

Ce souvenir allait trouver un touchant écho dans le cœur du vénérable évêque de Marseille. Ce prélat était alors âgé de quatre-vingt-neuf ans. Se croyant arrivé au terme de sa carrière, il s'était retiré près du lieu de sa naissance, à Chambly, chez sa nièce Mlle de Tissandier (1), personne d'un esprit vif et charmant avec autant d'agrément que de solide piété ; riche sans for-

---

(1) Elle était fille de J.-B. de Tissandier, écuyer, sieur de la Crose, major du régiment de Guienne, et de Jeanne-Julie de Belloy.

tune, mère sans enfants, n'ayant été à personne pour être toute à tous, elle avait accueilli son oncle avec effusion quand il était venu chercher un asile dans sa demeure après la suppression du siège épiscopal de Marseille. Il vivait de ce qu'il avait pu sauver en quittant Aubagne et du produit d'une vente qu'il avait faite à fonds perdu. Quand la saison le permettait, on voyait le futur archevêque de Paris se rendre d'un pas ferme au château de Petimus, résidence de la marquise de Belloy, à une demi-lieue de la petite ville de Chambly. Aucun membre de sa famille ne faisait vainement appel à sa charité : il élevait dans sa retraite et préparait aux vertus héroïques du marin son petit-neveu François-Rose de Belloy (1); sa nièce la religieuse était aussi l'objet de sa sollicitude; il avait, on s'en souvient, applaudi le premier à sa vocation naissante; il voulut lui envoyer comme une bénédiction l'épargne de sa vieillesse.

(1) Mort à Marseille le 4 janvier 1830, lieutenant de vaisseau, chevalier de Saint-Louis, comptant deux cent quarante-quatre mois de services, dont cent cinquante-six mois embarqué en temps de guerre et vingt-six mois embarqué aux colonies ou dans le Levant.

« J'ay reçu, dit-elle à sa belle-mère, les 150 livres que vous avez bien voulu me faire remettre de la part de notre cher oncle auquel je vous prie d'en renouveller tous mes remercîmens ainsi que les assurances de mon tendre et profond respect. »

Ce secours arrivait d'autant plus à propos que la santé de la mère de Belloy venait de subir une nouvelle rechute. En étudiant son histoire, souvent je me suis pris à rêver de la bienheureuse Marie de l'Incarnation, la fondatrice du Carmel réformé; pour l'une comme pour l'autre, pour la restauratrice du premier monastère de la Visitation comme pour la personne extraordinaire que fut Mlle Acarie (1), il semble que la souffrance augmente à mesure que la mission grandit; plus Dieu demande d'efforts, plus la douleur paraît briser la frêle enveloppe de l'âme. On en jugera par la lettre qui va suivre :

« Ma chère Maman,

« Je ne scais comment vous exprimer ma

(1) Voir sa *Vie* par BOUCHER, curé de Saint-Merry. Le P. Bouix et Mgr Dupanloup en ont donné de très bonnes éditions.

reconnoissance de toutes les bontés dont vous me comblez; votre aimable et charitable lettre m'est arrivée dans un moment où j'en avois plus besoin que jamais, étant alors détenue au lit par une grosse fluxion accompagnée de fièvre, laquelle jointe à mes infirmités habituelles m'a encore retardé la guérison que j'attends et espère toujours, s'il plaît au Seigneur me l'accorder. Je suis beaucoup mieux de cette dernière secousse, mais mon estomac en a souffert et est un peu plus mal qu'il n'était avant cette dernière crise...

« Vous avez donc la bonté, ma chère Maman, de vouloir bien me regarder comme votre enfant en m'assurant de l'intention où vous êtes de pourvoir à mes besoins; vous êtes véritablement ma mère, puisque c'est à vous à qui je vais devoir les moyens de mon existence. Je suis touchée sensiblement non-seulement de votre bonté, mais aussi de l'amitié de ma sœur et de mon beau-frère qui applaudissent à votre bienfaisante charité... mais je suis bien éloignée de croire que vous deviez étendre vos générosités sur les compagnes de mon existence; je sens combien ce serait abuser de vos bontés; elles

ont d'ailleurs par elles-mêmes des moyens qui
peuvent leur suffire et dont elles m'ont souvent
aidée; mais je vois que présentement leurs
petites ressources ne s'étendent pas au delà de
leurs propres besoins et que ce n'est qu'en se
privant de leurs nécessités qu'elles s'efforcent
de me procurer les miennes. Cependant, comme
nous vivons en commun, il y a de l'œconomie
pour les uns et pour les autres et elles croyent
que je leur suis un peu utile en gouvernant le
petit ménage le moins mal que je puis; néanmoins malgré tout cela j'ay la douleur de sentir
que je vais vous être bien à charge...

« Je vous avoüe que je suis peinée aussi
lorsque je pense aux petites fantaisies que j'ay
laissées paraître en diverses occasions vis à vis
de mon beau-frère; j'espère cependant qu'il les
a oubliées et pardonnées, les regardant comme
la suite de mon état de souffrance, et je pense
que le bon cœur de ma sœur n'en a rien diminué
de son amitié pour moy.

« Je feray mon possible, ma chère Maman,
pour ménager afin de vous être moins à charge;
vous avez la bonté de m'engager à acheter du
vin : j'en fais bien peu d'usage, mais j'ai un

besoin continuel de tisannes qu'il faut sucrer pour
que mon estomac les puisse digérer ; et quoique
je n'aye pas grande confiance aux médecins, je
suis forcée d'en voir de tems en tems lorsque je
suis tout-à-fait malade ; les médicamens indis-
pensables, les sirops, etc., sont un peu chers,
et ma nourriture ordinaire est du vermichel de
consommé, ne pouvant presque point user de
pain, ni d'autre nourriture : quelques fois un peu
de poisson ou de poulet, quelques compotes de
bons fruits et un peu de chocolat de santé dont
je suis munie pour quelque temps par la générosité de ma sœur.

« Jay lagrément dêtre très bien logée sans
qu'il m'en coûte plus que si j'avais une chambre
et un cabinet pour moy et la fille qui me sert,
puisque notre part du loyer pour elle et moy
ne se monte qu'à 120 livres. Jay fait à peu près
le calcul de ce à quoy se monte ma dépense et
la sienne tant en loyer qu'en nourriture, bois,
chandelle, blanchissage et entretien, et je vois
que cela va au moins à 1200 livres ; mais, ma
chère Maman, ny a-t-il pas de la témérité
d'espérer que vous puissiez me procurer une
somme si considérable ? Cette crainte me ferait

bien désirer de faire quelque petit commerce pour aider au moins à quelque chose, mais dans ce moment, le commerce ne va point du tout ; c'est aussi ce qui empêche mes amies de me secourir, parce qu'elles fesaient quelque petite chose en ce genre qu'elles sont obligées de quitter. Je vous prie donc, ma chère maman, de me marquer jusqu'où je puis aller et de quelle manière je dois mi prendre pour obtenir de vos fermiers l'argent que vous voulez bien me donner ou les subsistances que je puis vendre ou échanger.

« J'attends encore une petite réponse de votre bonté maternelle et vous prie de me croire votre très respectueuse, soumise et affectionnée fille et servante. »

Il était permis de croire et l'on devait supposer que, par l'effet de la générosité de sa belle-mère, l'incertitude du lendemain, qui constitue l'horreur de la pauvreté, cesserait au moins de peser sur le front de la mère de Belloy ; mais Dieu, qui voulait élever cette âme à de plus hauts degrés dans la perfection, allait lui susciter un nouvel obstacle dans l'hostilité de son beau-frère, alors qu'elle pensait n'avoir plus à la redouter. C'est ainsi qu'à Monthelon, Mme de Chantal recevait des humiliations inattendues d'une personne qui la desservait dans l'esprit du vieux baron de Chantal.

On a déjà vu se dessiner la figure de M. Ducla de Péjot. Ancien gendarme de la garde du roi, il n'était cependant pas dépourvu de qualités ; mais, homme d'affaires plutôt qu'homme de guerre, il s'était attaché à sauver la fortune de sa belle-mère et par suite celle de son fils unique, Antoni, l'enfant dont la religieuse parle avec intérêt dans ses lettres. Son esprit positif n'avait jamais compris l'émigration, encore moins la vie contemplative qui lui apparaissait comme une existence inutile ou faussée. La mère de Belloy s'en était bien aperçue, mais, toujours en garde contre elle-même et se méfiant de ses impressions, elle semblait éprouver quelque remords de les avoir traduites : « Peut-être me trompay-je, disait-elle, sur la disposition de M. de Péjot à mon égard ; en ce cas il faudroit pardonner quelques fantaisies à quelqu'un qui souffre beaucoup et qui désire peut-être un peu trop de trouver du soulagement et de la compassion à ses maux... »

Cependant, le doute n'était plus possible sur la main qui arrêtait chez la marquise de Belloy l'élan d'un charitable cœur, et la religieuse s'en ouvre à son frère (1) dans une de ces lettres intimes où l'âme se laisse voir avec le plus charmant abandon. Cette lettre est du 24 mars 1799.

« Que je désire, cher petit frère, recevoir de vos nouvelles ! Je pense souvent au plaisir que j'aurois si je pouvois vous voir et avoir un petit entretient avec vous ; je vous écrirois bien souvent si je suivois le mouvement de mon cœur dont la tendre amitié pour vous est des plus sincères et constantes ; mais à quoi bon vous importuner, cher ami ? vous n'aimez pas à écrire et j'espère d'ailleurs que vous ne doutez

---

(1) Anselme-Aimé-Gabriel-Henri, comte de Belloy, colonel au régiment des gardes-françaises en 1789 ; il devait acquérir sous le Consulat une notoriété d'un genre assez original : « Toutes les idées se portèrent sur la meilleure manière de faire le café : ce qui provenait sans presque qu'on s'en doutât de ce que le chef du gouvernement en prenait beaucoup... J'ai essayé dans le temps toutes ces méthodes, dit Brillat-Savarin... et je me suis fixé, en connaissance de cause, à celle qu'on appelle *à la Dubelloy*... » La cafetière de ce nom est encore aujourd'hui la plus répandue.

pas de mon amitié : c'est cette double considération qui sans cesse arrête ma plume; pares-
seuse pour tout autre, elle voudrait toujours
marcher pour vous, malgré mon peu de temps
et de santé qui me laissent si peu de loisir que
j'en manque souvent pour des choses essen-
tielles.

« Vous avez reçu une lettre de moi il y a
quelques tems; je vous l'ai écritte à la recommandation de ma belle-mère et par l'occasion
de M. de Péjot, ce qui fut cause que je ne
m'étendis sur aucun détail, ne voulant pas lui
faire mistère de la lettre; mais aujourd'huy je
vais vous parler à cœur ouvert, comptant sur
votre discrétion...

« Je crois que notre belle-mère, si elle est
libre d'agir, est capable de se prêter à la justice
et aux bons procédés; elle m'en a donné des
preuves plusieurs fois; mais je dis si elle est
libre d'agir, car je vois qu'elle se trouve en-
travée dans ses projets de bienfaisance à mon
égard : elle m'avoit promis des secours beaucoup plus considérables que ceux qu'elle a pu
m'accorder... d'ailleurs elle ne veut me donner
la consolation de savoir sur quoi je pourois

compter afin de tâcher s'il m'est possible de m'arranger en conséquence, et je suis très persuadée que ce n'est pas faute de bonne volonté de sa part, mais qu'elle n'en est pas la maîtresse : au reste j'attends de jour en jour de ses nouvelles...

« Mes compagnes se trouvent dans ce moment dans de nouveaux embaras pour leur subsistance. Mes infirmités, qui ajoutent beaucoup d'années à celles que j'ay déjà, non seulement m'ottent la faculté de faire aucuns travaux ou entreprise, mais encore exigent bien des dépenses que je ne ferois pas si elles ne m'étoient devenues nécessaires sous peine de la vie.

« Je vous dis tout cela, mon cher ami, non dans le dessein que vous fassiez aucun mouvement à mon égard (je vous prie au contraire de n'en faire nulle mention), mais seulement pour vous faire connaître mon état actuel qui deviendra bien triste si je ne puis avoir aucune assurance de ce que je puis recevoir chaque année. Je ne veux cependant pas m'en affecter d'avance, tant que je puis jouir de l'espérance; elle me tient lieu de tout autre jouissance jusqu'à ce que mes compagnes soient réduites à mourir de faim ; mais ce terme nous menace de près et je désire beaucoup de l'éloigner en procurant de mon côté les ressources qu'elles tâchent d'obtenir du leur...

« Je m'apperçois, mon cher ami, que je vous ay entretenu tristement. Ce n'était pas mon intention ; mon cœur s'est épanché sans que je m'en aperçusse. Je suis persuadée que vous avez assez de peines pour me faire éviter de les augmenter ; mais ne vous affligés pas à mon sujet : j'espère pouvoir porter les miennes avec tranquilité, si ce n'est avec joye.

« Adieu, mon cher Frère et bon Ami ; aimez toujours un peu votre Sœur dont lattachement pour vous est aussi tendre qu'inviolable. »

III

La Providence ne fait rien ici-bas qui ne
serve à ses desseins et ne doive contribuer aux
vues secrètes qu'elle a sur nous. Les mécomptes
éprouvés par la mère de Belloy dans les secours
qu'elle attendait hâtèrent la réalisation d'un
dessein qu'elle avait conçu et qu'elle préparait
discrètement en faisant donner des leçons en
ville par celles de ses compagnes dont l'éducation, l'intelligence, l'activité se prêtaient à cette
ressource : j'entends parler de la réouverture
du pensionnat.

L'enseignement n'a jamais été le but de la

Visitation, mais elle y réussit à merveille et elle possède un don pénétrant pour communiquer à ses élèves la douceur, la suavité, le goût des choses de l'esprit, l'amour de l'ordre, du beau dans le travail, le charme enfin, toutes ces belles qualités qui décorent la femme et font qu'elle plaît au foyer domestique. Saint François de Sales avait eu la main forcée sur ce point, car il créait un ordre contemplatif; mais il avait fini par céder, trouvant mieux de supporter quelques épines en son jardin « pour y avoir des roses (1) ».

A Rouen spécialement, le pensionnat de la Visitation jouissait d'une grande faveur. En 1790, celui du premier monastère ne comptait pas moins de trente élèves, et la société qui composait alors la troisième ville de France se disputait le privilège d'y faire élever ses filles. Cette société comprenait trois éléments bien distincts : la magistrature, la noblesse, le négoce. L'illustre parlement de Normandie n'était plus; la noblesse avait en partie émigré; mais le commerce, le commerce noble, celui qui

____

(1) *Lettres de saint François de Sales*, 454.

venait à la Bourse l'épée au côté et qui prenait
sur des factures le titre d'écuyer, était toujours
debout, d'autant plus vivant qu'il n'avait pas
vu sans complaisance germer les idées nouvelles,
peut-être par une secrète jalousie de l'ordre
auquel il s'était efforcé d'appartenir. Il y avait
là, dans cette société, moderne en un sens, mais
riche et demeurée très chrétienne, des éléments
de succès pour le recrutement d'un pensionnat
dirigé par d'anciennes religieuses (1).

Leur appel à des jeunes filles du monde,
dans une maison où l'on manquait alors de tout,
était à coup sûr une entreprise hardie, presque
téméraire; aussi, les épreuves qui marquent
d'un sceau particulier les œuvres bénies de Dieu
ne manquèrent-elles pas à ces débuts. « Je me
dis — c'est encore la mère de Belloy qui parle
— de quoi entretiendrai-je ma bonne et tendre
Maman? Toutes les petites affaires de notre
ménage ne peuvent guère l'intéresser; nous
ne nous occupons pas beaucoup de celles du
tems; nous vivons tranquillement dans notre
petit coin en paix avec tout le monde et ignorées

(1) *Mémoires de l'abbé Baston*, I, p. 217 et s.

de tous ceux avec qui nous n'avons rien à trai-
ter. Notre pensionnat va toujours son petit
chemin, notre nombre est augmenté de quelques-unes, nous avons reçu hier la douzième ;
plusieurs personnes voyant cette augmentation
nous croyent fort à l'aise et nous ne travaillons
pas à détruire cette bonne réputation, mais ils
ne voyent pas nos charges et les frais considérables qu'il nous faut faire pour nous soutenir
dans cette position ; et je puis bien vous assurer,
ma bonne Maman, que sans vos bienfaits et
ceux des parents de notre chère Angloise, nous
serions très-endettées, mais par ces secours,
nous gagnons le bout de l'année avec beaucoup
de travaux et d'œconomie. Ma santé continue à
être passablement bonne depuis neuf ou dix
mois... »

A l'intérieur de la maison, la sœur Reine-
Perpétue Dusaussay dirigeait tout sous les
yeux de la supérieure. L'expérience acquise
dans les emplois de première maîtresse jointe
« à de grands moyens naturels et à un esprit
intérieur ininterrompu », lui donnait un mérite
très remarquable. La sœur Adam joignait à ses
fonctions d'infirmière celles de sacristine. « La

messe, les oraisons, les retraites avaient repris leurs heures ; la maison était bien organisée et la pension marchait parfaitement (1). »

Ainsi la mère de Belloy dirigeait cette entreprise avec la tranquillité d'esprit qui sert utilement le soin et la sollicitude, se souvenant que « les bourdons font bien plus de bruit et sont bien plus empressés que les abeilles, mais qu'ils ne font ni la cire ni le miel (2) ». D'ailleurs elle et ses compagnes considéraient que « leur petit rassemblement était la racine destinée à faire refleurir l'arbre prétieux de leur Établissement (3) », et cet espoir encore vague s'affirmait de jour en jour à mesure que l'Église de France paraissait entrer dans une ère de paix et de liberté définitives.

En saisissant le pouvoir après le coup d'État du 18 brumaire, Bonaparte avait bien la pensée de fermer les plaies ouvertes par la Révolution ; mais, soit qu'il cédât à des calculs d'ambition personnelle, soit qu'il comprît la nécessité de ménager ceux qui triomphaient avec lui et qui

(1) Circul. Bibl. nat. L. 173/*d* 2.
(2) *Introduction à la vie dévote*, 3ᵉ partie, ch. x.
(3) Notes manuscrites de la sœur F.-Rosalie Joly.

étaient tous des persécuteurs, il ne pouvait avancer qu'avec prudence dans une politique d'apaisement.

Sans rapporter la loi du 19 fructidor an V, discrètement, peu à peu, souvent à l'insu des préfets (1), le gouvernement consulaire autorisait certains prêtres à rentrer ou à rester sur le sol français. L'arrêté du 7 nivôse an VII, converti en loi le 21 suivant, les assujettit seulement à l'obligation de satisfaire au serment en passant la déclaration suivante : « Je promets fidélité à la Constitution. » C'était la condition *sine quâ non* mise à l'exercice du culte dont les édifices non aliénés étaient rendus aux fidèles.

Dès qu'elle fut posée, de vives controverses s'engagèrent sur la validité de la promesse, comme on s'était demandé précédemment si le serment à la Constitution de l'an III, remplacé le 19 fructidor par celui de haine à la royauté et à l'anarchie, était licite ou ne l'était pas ; mais, cette fois, la question présentait un intérêt vital, car on admettait à la déclaration tous les ecclé-

---

(1) M. Sciout en rapporte un curieux exemple dans son histoire si nourrie de faits et de documents. (*Op. cit.* t. IV, p. 767)

siastiques, qu'ils fussent ou non en règle avec les serments antérieurs (1); et, d'autre part, une note insérée au *Moniteur* indiquait qu'en l'espèce il s'agissait simplement d'une soumission passive.

Les sept évêques demeurés en France pendant la Révolution, le savant et pieux M. Emery, le conseil de l'archevêché de Paris, avec l'assentiment de l'archevêque, M. de Juigné, furent d'avis que la promesse était non seulement permise, mais favorable aux intérêts de la religion (2).

Déjà, vers la fin de l'année 1797, le doyen de l'épiscopat français, M. de Belloy, qui se rendait un compte si remarquable de l'évolution des idées et de la marche des événements, dans une note destinée à son clergé, avait résumé ce qu'il croyait être sur ce point la doctrine de l'Église que Bossuet comparait à une étrangère voyageant parmi tous les peuples du monde. « Pour premier principe, écrivait de même l'évêque de Marseille (3), il faut conve-

---

(1) Circulaire du 28 prairial an VIII.

(2) *Mémoires de M. Picot*, t. VII, p. 263 et s.

(3) *M. Émery et l'Église de France pendant la Révolution,* par M. l'abbé Méric. — Palmé, 1879. 2 vol. in-8°, t. Ier, ch. XIV.

nir que tout sujet d'un État quelconque doit soumission aux lois du Gouvernement dans l'étendue duquel il réside, et cela en ce qui touche et ne contrarie pas les articles de notre sainte croyance ou les préceptes de l'Évangile (1).

« Il faut observer que la religion est par elle-même indifférente à la forme du gouvernement ou royaliste ou républicain, c'est-à-dire qu'elle ne commande aucun des deux. Il faut observer également qu'un gouvernement ne pouvant être à la fois royaliste et républicain, l'adoption de l'un des deux est nécessairement le rejet de l'autre... » Et, réservant sur cette question du serment l'avis du Saint-Siège, il ajoutait dans une lettre adressée le 16 mai 1798 à l'un de ses diocésains : « Mon opinion doit vous être connue, puisque vous en avez tiré copie à Chambly. Je la crois conforme aux vrais principes de la droite raison et j'ai la satisfaction de voir qu'elle est aussi celle des évêques catholiques qui résident et travaillent à Paris, ainsi que celle de tout le clergé fonctionnaire des diocèses voi-

(1) Bref *Pastoralis sollicitudo* du 5 juillet 1796. PIE VI, *Acta*. Vol. II, p. 138.

sins. C'est tout ce que je puis vous dire (1). »
Mais, en l'an VIII, le doute paraissait impossible, et, le 4 novembre 1800, M. de Belloy retirait les pouvoirs d'un de ses vicaires généraux « dont le zèle contre la promesse était d'autant plus outré qu'il se servait de l'autorité même de son évêque contre l'opinion de cet évêque (2) ».

A Rouen, le chapitre métropolitain, *sede vacante* (3), publia un mandement dans le sens que nous venons d'indiquer. Trois églises de la ville furent successivement rendues à la piété des fidèles : les Gravelines, Saint-Ouen et l'Hôpital général. Malheureusement, si l'on excepte l'illustre évêque de Langres, M. de la Luzerne, dont la plume éloquente se mit au

(1) Par ces mots de « clergé fonctionnaire », Mgr de Belloy entend parler des prêtres orthodoxes exerçant un ministère paroissial. Il y en avait alors beaucoup, même à Paris ; les uns avaient rouvert des églises, où on tolérait leur ministère ; les autres étaient d'anciens constitutionnels ayant rétracté leur serment. (*Revue de Marseille et de Provence*, 1890.)

(2) *Annales philosophiques*, t. III, p. 80. Cette feuille était l'organe du clergé orthodoxe.

(3) Le cardinal de la Rochefoucauld était mort à Münster le 23 septembre 1800.

service des partisans de la promesse, la plupart des prélats exilés la contestèrent ou défendirent de la prêter par des considérations d'ordre surtout politique; parti dangereux assurément et qui, dès 1796, faisait dire à M. Émery : « Je crains bien qu'il n'y soit entré un peu d'aristocratie et d'une aristocratie très mal entendue (1). »

On savait pourtant que des négociations se poursuivaient entre le gouvernement consulaire et le Saint-Siège (2). Menées d'abord dans le plus grand secret, elles aboutirent au Concordat signé le 15 juillet 1801 à Paris et ratifié le 16 août suivant par le pape; mais Bonaparte, qui voulait faire sentir à l'Église le prix de ses services, la maintint pendant plusieurs mois dans la plus grande anxiété. Le 8 avril 1802, ce traité dont la France connaît aujourd'hui la

---

(1) Lettre à l'abbé de Villèle citée par M. Méric, *ut suprà*.

(2) Nous renvoyons pour tous les faits relatifs à cette époque à la *Négociation du Concordat en 1800 et 1801*. Paris, Leroux, 5 vol. in-8°. Cet ouvrage, d'une valeur inappréciable par l'étendue des documents et la finesse de l'exposition, a pour auteur le comte Boulay de la Meurthe.

valeur fut enfin adopté par le Tribunat et le
Corps législatif : le premier consul avait dû
parler en maître. Il voulut que le dimanche suivant, jour des Rameaux, l'archevêque de Paris
fût solennellement installé à Notre-Dame par
le cardinal-légat qui profiterait de cette circonstance pour sacrer M. de Cambacérès, nommé
archevêque de Rouen, ainsi que les évêques
d'Orléans et de Vannes. Rien n'était prêt dans
la métropole dévastée pour une telle cérémonie : on y pourvut à la hâte; mais on avait omis
de disposer une sacristie. Les prélats durent
revêtir leurs ornements pontificaux dans une
maison voisine et traverser à pied le parvis de
Notre-Dame. Une foule immense était accou-
rue, attirée par la nouveauté du spectacle.
Quand le vieil archevêque, M. de Belloy,
s'avança vers le portail en donnant sa bénédiction, « sa figure était si noble et si belle qu'elle
toucha les cœurs simples dont se composait
cette foule; et tous, hommes et femmes, s'incli-
nèrent avec respect (1). »

Il est aisé de comprendre l'émotion qu'éprou-

(1) THIERS, *le Consulat et l'Empire*, liv. XIV, t. III,
p. 446, et *Journal des Débats* du 22 germinal an X.

vait la mère de Belloy en apprenant ces nouvelles et en voyant briller sur le front de son grand-oncle l'auréole du pasteur irréprochable. Comment n'aurait-elle pas senti battre son cœur? Comment aurait-elle pu maîtriser ce sentiment inné, généreux, noble, qui fait les héros, et qu'on appelle l'orgueil de la race? Il devait être d'autant plus juste, qu'à la fierté légitime de la nièce, venait s'ajouter la joie d'une sainte religieuse en face de la paix des consciences et du triomphe de l'Église pour laquelle elle avait tant souffert. Peut-être aussi soupçonnait-elle, sans s'en rendre compte, que l'éclat d'une gloire si pure allait profiter aux anciennes visitandines, en attirant l'attention du public sur le nom de la personne qui dirigeait leur pensionnat. La faveur, dit-on, ressemble à la barque abandonnée au cours d'un fleuve; plus les eaux sont rapides, plus vite est la marche de l'esquif, et plus aussi la mode s'empresse quand une fois est donné l'élan. Tout le monde voulait confier ses filles à la Visitation renaissante, et, le 3 septembre 1802, la mère de Belloy transférait son établissement, rue Saint-Patrice, nº 49, dans un immeuble occupé plus tard par les révérends pères jésuites, tandis que le deuxième monastère, qui commençait à revivre sous le gouvernement de la mère Derély d'Équimboc (1), venait occuper la maison trop étroite de la rue Bourg-l'Abbé.

Malheureusement, le nombre des maîtresses et leur capacité ne répondaient pas aux exigences d'un pensionnat si prospère. Lorsqu'un orage a soufflé sur la campagne, toutes les abeilles ne rentrent pas à la ruche : on les retrouve meurtries, les ailes tendues, gisant sur le sol au milieu des épis et des fleurs hachées par la tempête. Des quarante-neuf religieuses dont se composait en 1790 la communauté de la rue Beauvoisine, vingt-deux seulement s'étaient replacées en 1802 sous l'autorité de la mère de Belloy ; toutes avaient vieilli ; la sœur Marie-Madeleine Delacroix était mourante ; chaque année, pour ainsi dire, allait moissonner sur sa tige un de ces lis de la vallée desséchés par le vent de l'infortune : la sœur Wollaston en 1803,

(1) « Claire-Charlotte Derély, ex-noble et ci-devant religieuse, » avait été arrêtée le 24 floréal an II, rue Porte-aux-Rats, n° 12, avec plusieurs de ses compagnes. Arch. mun., *Battues de floréal.*

la sœur Hasembergue en 1804, la sœur Madeleine-Angélique Maillard en 1805, enfin la sœur Bellanger en 1806, et quelques mois plus tard la mère de Belloy.

Les autres religieuses étaient mortes de douleur ou de misère pendant et après la Terreur. A la vérité, Mme de Lézeau vivait à Paris dans une pieuse retraite ; sa douceur et la distinction de son esprit en eussent fait une maîtresse modèle, mais elle aimait déjà les sœurs de la Mère-de-Dieu ; son cœur était avec les orphelines, et, bientôt relevée d'une partie de ses vœux par le Souverain Pontife, elle allait devenir la fondatrice d'une congrégation nouvelle, honorant encore par cette œuvre le premier monastère de la Visitation de Rouen et la supérieure qui l'avait initiée à la vie religieuse (1).

Un nuage pourtant s'était glissé sur cet édifiant tableau : la sœur Charlotte-Emmanuel Guérard, par des motifs mal définis, avait négligé de répondre à la voix de la mère de Belloy : pourquoi tairions-nous son nom ? Le

(1) Voir ci-dessus, p. 74, note 1.

couchant n'a-t-il pas des feux parfois plus éclatants que l'aurore? Cette ouvrière de la dernière heure devait rentrer dans l'arche en 1836, âgée de quatre-vingt-cinq ans, et vivre encore près de trois années, bénissant Dieu d'avoir prolongé ses jours au delà du terme ordinaire pour lui faire goûter avant de mourir la douceur des engagements de sa jeunesse (1).

Afin de combler les vides que le temps et les épreuves avaient causés dans les rangs de la Visitation, l'archevêque de Rouen permit à la mère de Belloy de recevoir discrètement et sans éclat des sujets nouveaux ou d'anciennes religieuses appartenant à son ordre, mais dont les maisons ne parvenaient pas à sortir de leurs ruines pour reformer une communauté nouvelle. C'est ainsi qu'elle s'adjoignit des collaboratrices encore jeunes et actives : la sœur Thérèse-de Chantal Sézille, professe du premier monastère de Paris, et les sœurs Marie-Natha-

---

(1) La circulaire écrite après sa mort dit « qu'elle appartenait à une famille distinguée ». Baptisée à Saint-Denis de Rouen le 11 octobre 1752, elle était fille du « sieur Charles-Nicolas Guérard et de Mme Anne-Jeanne-Marguerite Amelot. Son parrain fut M. Claude Guillon, prieur en exercice de la juridiction consulaire ».

lie Morel, Marie-Rose Raulin, Marie-Anne Plachot et Marie-Clotilde Cuel, du monastère de Dieppe. Deux jeunes personnes qui sentaient une voix intérieure les appeler au service de la Reine du Ciel, les demoiselles Mazet, furent également reçues à la prise d'habit le 24 octobre 1804 et firent profession le 27 novembre 1805.

La moisson était grande ; aussi l'archevêque, pressé d'accroître les moyens d'existence d'une communauté qui ne demandait qu'à vivre, étendit par un nouveau privilège les facilités qu'il lui avait déjà concédées.

Comme elle logeait encore dans la maison de la rue Bourg-l'Abbé, un jour, la mère de Belloy vit venir à elle une ancienne bernardine : c'était la sœur Marie-Madeleine Poitou, dite de Sainte-Hélène, personne d'un grand mérite, qui avait fait sa profession religieuse en 1763 dans l'abbaye d'Arques, ordre de Cîteaux, et qui, désireuse de continuer la vie conventuelle, mais ne pouvant le faire dans son institut, venait demander asile à la Visitation et lui offrir en échange d'un accueil le secours de son dévouement et de ses aptitudes pédagogiques (1). Jamais proposition n'avait été plus opportune : la mère de Belloy hésita cependant, réfléchit et finit par céder. « Vous êtes la sage statue, écrivait saint François de Sales à Mme de Chantal. Le Maître vous a posée dans la niche; ne sortez de là que lorsque le Maître lui-même vous en tirera (2). » Et le Maître ne retira pas Mme Poitou.

Mais cette situation avait quelque chose d'anormal qui ne pouvait durer, dès lors que la Visitation songeait à s'affermir sur des bases régulières. Le 10 mai 1804, par l'entremise de l'archevêque de Rouen, la sœur Sainte-Hélène adresse la requête suivante au cardinal-légat pour lui exposer que l'abbaye d'Arques, comme tous les établissements de cette espèce, ayant été détruite, « elle s'est associée à un rassemblement des Religieuses de la Visitation gouvernée dès avant la Révolution et encore actuellement par Madame de Belloy, nièce du

---

(1) Arques, petite ville près de Dieppe, possédait un couvent de Bernardines qui instruisaient les jeunes filles ; fondé en 1636, ce monastère avait été reconstruit en 1768 après un incendie.

(2) *Mémoires de la mère de Chaugy*, p. 446.

Cardinal Archevêque de Paris, et que depuis plusieurs années, elle aide ces Dames dans l'éducation qu'elles donnent à de jeunes demoiselles (1).

« Les Religieuses de la Visitation du Premier Monastère de Rouen se proposent de se réunir en plus grand nombre pour perpétuer leur Saint Institut (sauf les modifications que les circonstances exigeront et qui seront soumises à l'approbation de Votre Éminence); la Sœur Ste Hélène n'ayant aucun espoir pour le rétablissement de son Abbaye, aimant les Religieuses qui l'ont reçue au milieu d'elles, et en étant aimée, elle désire de finir ses jours avec elles.

« En conséquence, elle supplie Votre Éminence, Monseigneur, de lui accorder la permission de passer dans l'Ordre de la Visitation pour y vivre et mourir dans l'observance des Règles et Constitutions de cet Ordre, selon

_____

(1) Cette femme si remarquable, au dire de ses contemporaines, par son intelligence et par la fermeté de sa vocation, n'était pourtant que l'humble fille d'un marinier de Dieppe, baptisée le 15 juin 1743 en l'église Saint-Jacques. Michel Poitou, son oncle et son parrain, ne savait même pas signer.

qu'elles seront modifiées par l'autorité des Supérieurs ecclésiastiques.

« Elle ne pourrait sans cette translation vaquer convenablement à ses devoirs de religieuse et d'institutrice ; l'unité qui doit régner dans une Communauté rend encore cette translation nécessaire.

« La sœur Ste Hélène attend de la charité de Votre Éminence que vous examiniez une prière qu'elle ne vous adresse que pour la plus grande gloire de Dieu et le salut de son âme. »

Le cardinal-légat fit droit à cette requête par un rescrit apostolique en date du 19 mai 1804. L'archevêque de Rouen le rendit exécutoire le surlendemain et régla par un décret du 6 juin suivant le détail du cérémonial à suivre dans la circonstance. En voici le dispositif :

« Étienne-Hubert Cambacérès, par la permission Divine Cardinal-Prêtre de la Ste Église Romaine, Archevêque de Rouen, etc...

« Marie-Madeleine Poitou, ci-devant Religieuse Bernardine... nous ayant fait scavoir... que Madame de Belloy et les autres Dames de la Maison l'admettaient volontiers au milieu d'elles pour y vivre dans l'Obéissance comme vraie fille de la Visitation, nous étant réservé de régler la cérémonie de cette agrégation,

« Nous voulons : 1° que la Communauté étant assemblée en la Chapelle et le Saint-Sacrement exposé, la prière *Veni Creator* soit récitée, ensuite la Messe célébrée à laquelle communiera Mme Marie-Madeleine Poitou, dite de Ste Hélène (nom de religion qu'elle conservera, mais auquel en sera ajouté un autre suivant l'usage de la Visitation).

« 2° Que la ditte Dame Poitou, la main sur le livre des Évangiles, lise l'acte suivant qu'elle aura écrit et signé : « Je Marie-Madeleine
« Poitou, ci-devant Religieuse Bernardine,
« et transférée par l'autorité des Supérieurs
« ecclésiastiques dans l'Ordre de la Visitation
« Sainte-Marie, prends de mon gré, et devant
« Dieu, l'engagement solennel et irrévocable,
« de vivre et mourir dans l'Ordre de la Visita-
« tion Sainte-Marie, conformément à ses Sta-
« tuts, Constitutions et Usages particuliers,
« et m'associe aux Dames du Premier Monas-
« tère de Rouen, qui ont bien voulu me rece

« voir parmi elles, comme une de leurs Sœurs,
« m'obligeant à tous les devoirs d'Obéissance
« et autres, inséparables de cette Association.
« Ainsi Dieu me soit en aide et ses Saints
« Evangiles.

              « A Rouen, ce... »

« 3° Que l'original de cet acte soit remis à
Madame la Supérieure.

« 4° Que Mme Poitou prenne parmi ses compagnes nouvelles son rang de profession à l'état
religieux dans l'Ordre de Cîteaux.

« Donné à Rouen sous le seing de notre
vicaire général... le 6 juin 1804.

                    « BASTON,
              « *vic. gén. offic.* »

Trois autres religieuses obtinrent plus tard,
dans les mêmes formes, la même faveur que la
sœur Hélène-Joséphine Poitou, mais la mère
de Belloy, fidèle à ce qui est prescrit dans les
constitutions, n'admit ces religieuses qu'après
une année d'épreuve et exigea qu'elles fussent
reçues par la pluralité des voix du chapitre.
C'étaient les sœurs Marie-Raphaël le Carpen-

tier d'Espineville, de l'abbaye de Préaux (1);
Julienne-Michel Cardon et Claire-Séraphique
Vautier, des Annonciades de Rouen (2). Ces
dernières connaissaient déjà l'esprit de la Visitation, car elles avaient été arrêtées l'une et
l'autre sous la Terreur et conduites « à la Prison de Marie » où leur cœur les ramenait cette
ois librement (3).

Ainsi, l'année 1804 voyait reverdir, par l'in-
fusion d'une sève juvénile, le vieil arbre aux
rameaux dépouillés, et « les petites avettes »,
conduites par la mère abeille, « se préparer doucement pour faire une sortie au premier beau
temps. » A la fin de 1805, la communauté
s'était transportée dans les bâtiments occupés
anciennement par le deuxième monastère, et
qui, prison d'État en 1792, magasins nationaux
en 1795, avaient été vendus aux enchères

(1) Ordre de Saint-Benoît, au diocèse de Lisieux.

(2) Venues à Rouen en 1644, ces religieuses s'étaient
établies en 1648 sur la paroisse Saint-Vivien. Leur ordre,
fondé en 1500, honorait l'Annonciation et les dix vertus
de la Sainte Vierge.

(3) Anne Cardon, quarante-neuf ans, arrêtée le 4 floréal,
et Justine Vautier, quarante-six ans, arrêtée le 13. **Arch.
mun.** Liasse n° 146/5.

publiques en 1799 pour le prix de 26,000 francs. L'église, construite sur le modèle du Val-de-Grâce à Paris, fut malheureusement démolie l'année suivante; mais le reste de l'immeuble, partagé en neuf lots, servit à l'aménagement provisoire de métiers et de filatures. La mère de Belloy reprit tous ces baux pour l'installation « de la nouvelle ruche à laquelle le ciel préparait bien de la rosée (1). »

Quelques religieuses survivantes y retrouvaient l'écho de leurs douleurs passées, et dans les murs des cellules on pouvait observer, mieux qu'aujourd'hui, la trace des petits réchauds que les prisonnières allumaient pour préparer leur nourriture. En même temps, les sœurs du deuxième monastère qui avaient, on s'en souvient, quitté la rue de la Cigogne-duMont pour la rue Bourg-l'Abbé, transférèrent leur résidence dans la maison vacante et plus spacieuse de la rue Saint-Patrice.

(1) Saint François DE SALES. Lettre du 11 mars 1618.

I V

L'abbé Baston, supérieur. — Costume des religieuses. —
Leur association civile. — Les couvents de la Visitation
à Paris avant la Révolution. — Les sœurs de la rue du
Bac poursuivent la reconnaissance légale de l'ordre.
— Rapport de Portalis. — Décret impérial du 1er mai
1806. — Démarches de la mère de Belloy. — Autorisation provisoire du préfet. — Lettre du ministre des
cultes.

A ce moment, la prospérité de la nouvelle
congrégation se dessinait avec un bonheur toujours croissant. Quand l'évêque de Genève se
fut obligé pour l'acquisition de la maison de la
Galerie, on le vit se réjouir, disant : « Enfin j'ai
trouvé un nid pour mes poussins, me voilà le
plus content du monde (1). »

La communauté avait son nid ; elle possédait
une supérieure dont l'épreuve avait sanctifié

(1) *Relation de l'établissement du premier monastère de
la Visitation Sainte-Marie fait dans la ville d'Annecy en
Savoie par la mère de Chaugy*. — Copie du manuscrit
d'Annecy appartenant au premier monastère de Rouen.

l'âme et mûri la haute sagesse ; les sujets lui étaient venus ; le développement de son pensionnat lui apportait le secours temporel nécessaire à ses débuts ; à la vérité, les avis d'un père spirituel lui avaient longtemps manqué, mais elle venait d'en recevoir un des mains de l'archevêque de Rouen : c'était l'abbé Baston (1).

« J'affectionne particulièrement l'ordre de la Visitation Sainte-Marie, dit-il dans ses Mémoires, à cause de son aimable fondateur. Mon premier sermon à Rouen fut pour une des Maisons de cette pieuse Congrégation dont je connaissais la supérieure, femme de beaucoup de mérite (2). »

(1) Guillaume-André-René Baston, né en 1741, théologien remarquable, publia ses cours de dogme de 1779 à 1784, en dix volumes in-12, sous le titre de *Lectiones theologicæ*. Chanoine de Rouen en 1778, il poursuivit les constitutionnels par la publication de nombreuses brochures, émigra, remplaça M. de Saint-Gervais comme vicaire général, et fut nommé évêque de Séez le 14 avril 1813. Il eut le tort, sans avoir reçu l'institution canonique, de prendre en main l'administration de son diocèse en recevant du chapitre les pouvoirs de vicaire capitulaire. Il abandonna Séez en 1814, et trois ans plus tard revint à Rouen occuper humblement la dernière stalle du chapitre. Mgr de Bernis lui rendit le titre de vicaire général.

(2) *Mémoires de l'abbé Baston*, t. I, p. 123.

Que n'est-il demeuré le reste de ses jours dans ce milieu paisible! Ce prêtre érudit, si ferme dans sa doctrine, si sévère pour les autres, si fougueux dans sa polémique, un instant ébloui par le soleil d'Austerlitz et par l'ardeur d'un gallicanisme sincère, était revenu de l'émigration au mois de mai 1803 pour reprendre sa stalle au chapitre et remplir les hautes fonctions de vicaire général, théologal et official.

Jamais secours n'arrivait plus à son heure à la Visitation sortant de ses ruines.

Le premier soin de M. Baston, le 29 juin 1804, fut de reconnaître et de rendre à la vénération des fidèles les reliques précieuses dont la conservation était due à la mère de Belloy. De concert avec elle, il arrêta le costume que les sœurs porteraient à l'intérieur de la maison. Elles étaient vêtues de noir, coiffées fort simplement, avec des voiles de gaze noire qu'elles ne quittaient jamais. Les sœurs professes n'étaient distinguées des novices que par la croix d'argent et un châle noir : celui des novices était blanc. Cet habillement paraît dans une miniature de la mère de Belloy qui fut

LA MÈRE DE BELLOY

EN 1804

D'après une miniature conservée au premier monastère
de la Visitation de Rouen.

exécutée à cette époque et dans la crainte trop justifiée de sa fin prochaine (1).

Jusqu'à cette heure, les religieuses étaient demeurées ensemble sans autres liens que ceux d'une mutuelle charité, d'un amour fervent pour Dieu, d'une obéissance volontaire à la supérieure; on peut dire qu'elles avaient mis en commun l'infortune, et qu'aucun contrat ne réglait cette association qui reposait avant tout sur les obligations de la conscience.

Mais, en 1805, on n'est plus sous la première, ni même sous la seconde Terreur; on n'est pas davantage en 1789. Si le gouvernement impérial favorisait l'action bienfaisante de l'Église à travers le monde, il ne reconnaissait point les vœux perpétuels ni aucune obligation attachée exclusivement à la personne. Il parut donc aux supérieurs ecclésiastiques qu'il y avait nécessité de régler par une convention civile les relations de droit que la vie commune pouvait créer entre les membres d'une même association. Les termes en furent élaborés et discutés par M. Baston qui dut s'aider des lumières de la

(1) Elle est conservée au premier monastère de la Visitation de Rouen.

mère de Belloy, comme saint François de Sales faisait appel à la sagesse de la mère de Chantal pour donner une règle à l'institut naissant; ce contrat est une œuvre remarquable, d'une prudence consommée, d'une rédaction lumineuse qui dénote, avec la capacité d'un jurisconsulte, l'étude approfondie du cœur humain; et nous croyons qu'on nous saura gré de le faire connaître, car il restera comme un document curieux de cette époque intermédiaire qui suit le Concordat et qui précède la reconnaissance légale des congrégations. Il porte la date du 26 décembre 1805.

« Les Religieuses du Premier Monastère de la Visitation de Rouen, réunies dans la maison qu'occupaient ci-devant celles du Second, ne changeront rien à leurs obligations spirituelles, usant seulement des dispenses provisoires que les circonstances sollicitent pour elles auprès des Supérieurs ecclésiastiques et résolues d'y renoncer quand d'autres circonstances le permettront (1), sont convenues des articles sui-

(1) *Facultates concessæ ab apostolicá sede.* « *Firmá tamen remanente solemnium votorum obligatione... concedendi immunitatem religiosis utriusque sexus... ab eá constitu-*

vants pour leur établissement civil dans la dite maison.

ARTICLE PREMIER

Les Postulantes ne seront admises « qu'après avoir pris une connaissance mûrement réfléchie » de l'acte d'Association et subi « un temps d'épreuve » qui sera d'un an seulement pour les personnes engagées ci-devant dans la vie religieuse en quelque ordre différent de celui de la Visitation. Ces dernières devront obtenir un Bref ou Indult apostolique.

ARTICLE 2.

Les Sœurs mettront tout en commun sans exception.

Elles garderont leur linge personnel mais « ne pourront rien recevoir, acheter, vendre, changer ni faire raccommoder sans la permission de la Supérieure ».

Elles conserveront la propriété de leurs biens et pourront faire tous les actes de la vie civile, « mais sous la direction des Supérieurs qui veilleront à ce qu'il ne soit pas fait de tort aux familles... principalement si leurs héritiers ne sont pas fortunés. »

Aussitôt que la Communauté « sera en possession d'un local suffisant, elles ne disposeront plus que de

tionum parte observandâ quam in præsenti rerum statu absque gravi incommodo observare nequeunt. » Pie VI, *Acta,* vol. I, p. 288 et 289.

l'usufruit des successions qui pourraient leur échoir, laissant après elles les fonds à leurs familles », à moins « d'une nécessité personnelle », auquel cas elles useraient « d'une partie seulement des dits fonds pour le soulagement de leur maison ».

ARTICLE 3.

Il sera fait remploi immédiat et sûr des capitaux remboursés.

ARTICLE 4.

L'usufruit des rentes constituera la dot.

ARTICLE 5.

Les associées pourront obtenir la disposition d'une somme annuelle destinée à l'acquittement « de dettes naturelles ou de reconnaissance ou de convenance » d'après l'exposé qu'elles feront à leurs supérieurs.

ARTICLE 6.

Les économies ne seront pas « divisées entre elles ».

On tâchera de les faire profiter à la Communauté de la manière que la conscience, les lois et les circonstances permettront.

ARTICLE 7.

Les Associées peuvent être expulsées « pour mauvaise conduite ou défauts essentiels de caractère... ». Le renvoi est prononcé par les deux tiers des voix.

L'Associée exclue emporte son linge et les titres de ses rentes. Elle ne peut jamais rentrer dans la Communauté.

« L'âge, l'infirmité, l'inaptitude à certains devoirs »
ne sauraient être une cause de renvoi.

ARTICLE 8.

Chaque associée aura le droit de quitter l'Association, sauf les obligations de conscience qui sont une
affaire entre Dieu et elle. Pour obvier aux suites
fâcheuses de la légèreté et de la vivacité... « la sortie
et la séparation totale ne seront accordées que lorsqu'elles auront été demandées trois fois, avec un intervalle de vingt jours entre chaque ».

Si l'Associée ne réitère pas sa demande dans l'espace de quarante jours, elle sera censée y avoir renoncé.

Celle « qui aurait quitté volontairement l'association pourrait y rentrer » dans l'espace de trois mois
avec le consentement des deux tiers de la Communauté, et dans l'espace de six mois avec son consentement unanime. « Elle retrouverait alors tous ses
droits, sans aucune formalité. »

« Après six mois d'absence ou de séparation, »
l'Associée serait encore admise à la réintégration ;
mais, dans ce cas, « elle serait de nouveau soumise au
temps d'épreuve, comme une personne qui n'aurait
point encore fait partie de la Communauté. »

ARTICLE 9.

L'Association qui se forme par la volonté des personnes qui se réunissent peut se dissoudre par la même
volonté.

« On en délibérera successivement trois fois » avec « un intervalle de vingt jours ». La dissolution est prononcée par la moitié plus un des suffrages exprimés. Si les membres de la minorité veulent se retirer, ils seront considérés comme effectuant une séparation individuelle. La majorité « fidèle à ses engagements » représentera la communauté dont elle aura « toutes les obligations et tous les droits. »

ARTICLE 10.

« Le partage des biens ne peut avoir lieu que dans le cas où l'Association serait entièrement rompue, soit par une autorité supérieure à laquelle obéissance serait due », soit par la volonté des parties conformément à l'article 9...

On commencerait par acquitter les dettes...

Chaque Associée emporterait les titres de ses rentes et propriétés, les linges à son usage, sa part dans les biens communs.

« Dans le partage de ces biens communs, il n'y aura aucune différence entre les Sœurs du Chœur et celles du ménage; » mais comme il est juste de tenir compte du temps passé dans la Communauté, « il est convenu que les Associées », depuis un an commencé jusqu'à cinq inclusivement, auront une part; jusqu'à dix inclusivement auront deux parts et ainsi de suite.

Soit 1,000 francs à partager entre quatre associées, une de cinq ans, une de dix, une de quinze et une de vingt. On fera 10 parts de 100 francs; la pre mière aura une part ; la seconde en aura deux ou 200 francs ; la troisième recevra 300 francs et la dernière quatre parts ou 400 francs.

Les simples postulantes n'emporteront que leur linge et leurs biens.

ARTICLE 11.

Les Agrégées pourront être admises à vivre dans la Maison où leur sort sera réglé par des conventions particulières.

ARTICLE 12.

Les Associées auront soin de prendre telle précaution qui sera jugée nécessaire afin qu'après leur décès la Communauté ne puisse être inquiétée par le fait de leur succession mobilière.

En échange des meubles qu'elle conservera, la Communauté prendra les frais funéraires à sa charge.

ARTICLE 13.

Chaque Associée apposera son nom au bas de l'acte avec la mention suivante : « Après lecture faite, j'ai accepté dans tout leur contenu et signé les treize articles ci-dessus. »

L'original revêtu du sceau du Monastère porte vingt signatures, et en outre la mention suivante :

« J'ai soussigné, déclare avoir assisté comme témoin, à la lecture et aux signatures ci-dessus apposées, le cinq nivôse an quatorze (vingt-six Décembre mil huit cent cinq).

« BASTON,
« Vicaire Gén. »

Cependant des démarches étaient commencées au ministère des cultes en vue d'obtenir la reconnaissance légale dans tout l'empire de l'ordre de la Visitation.

Pour l'intelligence des événements qui vont suivre, il convient de rappeler qu'il existait en 1790 à Paris trois couvents de cet ordre, sans compter celui de Chaillot qui se trouvait alors en dehors de la ville. Le premier avait été fondé par sainte Chantal elle-même en 1619. La porte de sa chapelle, une des plus belles créations de Mansart, donnait sur la rue Saint-Antoine. C'est là que Mme de Sévigné, « toujours pleurant et toujours mourant, » s'en allait le 6 février 1671, après le départ de Mme de Grignan, et « demandait la liberté d'être seule » après une séparation qui « lui arrachait le cœur et l'âme (1) ».

Le second monastère, sorti du premier le 13 août 1626, était situé dans la partie haute

(1) Lettres 131 et 244. Ed. Monmerqué, Hachette, 1862.

du faubourg Saint-Jacques, tandis que le troisième voyait son enclos de 130 pas sur 70 s'étendre non loin des bords de la Seine, dans l'angle nord-ouest de la rue de Grenelle et de la rue du Bac qui confinait à l'abbaye de Pantemont (1). Fondé en 1660 par les religieuses du second monastère, il était la source destinée à faire revivre l'institut comme ces fontaines bienfaisantes qu'on voit jaillir en un lieu, disparaître ensuite et se relever plus loin pour répandre au milieu des prairies la richesse et la fécondité.

Bien que les diverses communautés de la Visitation n'aient pas de supérieur général ni de chapitres annuels et qu'elles demeurent chacune individuellement soumises à l'Ordinaire, les religieuses de Paris, qui venaient de reconsti tuer leur maison, rue des Postes, paraissaient appelées par leur situation même, près du siège du gouvernement, à prendre en main les grands intérêts de l'ordre; aussi la demande qu'elles firent parvenir au ministère des cultes était-elle

(1) LESAGE, *le Géographe parisien ou le Conducteur chron. et hist. des rues de Paris*, 1769, t. II, p. III; et *Plan de Paris*, par DESNOS, 1770, in-fol°.

formulée « tant en leur nom qu'en celui des Sœurs de la même association » et accompagnée de leurs statuts rédigés en sept articles :

(Paris) ## STATUTS
DES SŒURS DE LA VISITATION

ARTICLE PREMIER.

Les Sœurs de la Visitation se proposent l'éducation des Demoiselles et leur Maison est un azile hospitalier pour toutes les Dames veuves ou Demoiselles qui veulent vivre loin du monde dans l'exercice des vertus chrétiennes.

ARTICLE 2.

Chacune de leurs Maisons est gouvernée par une Supérieure locale nommée tous les trois ans à la majorité des voix, et par quatre Conseillères proposées par la Supérieure à la même majorité.

ARTICLE 3.

Elles ont des Sœurs domestiques qui n'ont point de part au gouvernement de leur Maison qu'elles s'assimilent pour l'entretien et la nourriture.

ARTICLE 4.

Le temps de la probation est de dix-huit mois au moins.

ARTICLE 5.

Chaque Sœur conserve la propriété des fonds qui lui appartiennent et ceux qui peuvent lui survenir par succession; elle peut en disposer en faveur de ses parents, mais quant à l'usufruit, lorsqu'elle en jouit, elle le remet au commun de la Maison où elle se trouve.

ARTICLE 6.

On renverrait tout sujet qui provoquerait par son exemple l'inobservance des règlements et qui ne voudrait pas changer de conduite.

ARTICLE 7.

Les Sœurs sont soumises pour tout ce qui concerne le spirituel à l'Évêque diocésain et pour tout ce qui regarde le civil aux Magistrats du lieu qu'elles habitent.

« Nous Sœurs de la Visitation soussignées, de la Maison de la rue des Postes, ci-devant rue du Bacq, tant en notre nom qu'en celui des Sœurs de la même Association,

« Considérant combien il serait heureux pour nous de pouvoir servir de nos faibles moyens la Religion et le Gouvernement, soit dans l'éducation des Demoiselles, soit dans l'azile que nos Maisons peuvent offrir aux Dames et aux Demoiselles qui veulent vivre loin du monde dans l'exercice des vertus chrétiennes;

« Considérant encore combien il nous serait désirable de pouvoir recevoir de nouvelles Sœurs pour perpétuer après nous ces services, et voulant éloigner tous les obstacles qui pourraient s'opposer à ce que nous fussions approuvées d'après les lois actuelles, nous avons souscrit les Statuts ci-dessus, rédigés en sept articles, que nous connoissons renfermer l'essence de nos anciens Statuts, et nous assurer les moyens de remplir tous les devoirs de notre Vocation dans l'esprit de saint François de Sales notre Bienheureux Fondateur.

« Fait à Paris, le 13 Avril 1806, et avons signé » (1).

La réponse ne se fit pas longtemps attendre Déjà l'empereur avait prononcé l'autorisation provisoire des Ursulines; mais « il existe en France, écrit Portalis dans son rapport du 30 avril 1806 (2), une ancienne Association religieuse dont l'origine toute française date d'une époque où la société avait reçu parmi nous tout son développement, et où l'esprit de religion était pleinement combiné avec l'esprit de lumière ». Et, d'un trait de plume, cet homme remarquable esquisse la physionomie vraie de la Visitation. Appelant sur son berceau le souve-

(1) Les religieuses du premier monastère de la Visitation de Paris et celles de Boulogne-sur-Mer possèdent des copies très anciennes de ce document dont l'original a dû être détruit dans l'incendie du Conseil d'État, sous la Commune.

(2) Arch. nat., AF. IV, 1315. Plaquette n° 41-71. 1er mai, n° 61.

nir de Mme Chantal et de Mme de Sévigné, il nomme « saint François de Sales l'homme le plus distingué de son siècle par son esprit et de tous les siècles peut-être par l'amabilité de ses vertus et l'anémité de sa morale. Le but de cette institution formée sous ses yeux fut d'offrir un azile hospitalier aux Veuves et aux personnes du sexe non mariées qui, étrangères au monde et isolées dans la société par leur position, leur goût, et quelquefois même leurs malheurs, devaient s'estimer heureuses de trouver dans une maison de retraite la consolation et la paix. Les Sœurs de la Visitation se chargèrent en outre de l'instruction des jeunes personnes...

. « Reconnaissant l'incompatibilité de leur ancienne manière d'exister avec l'empire de nos lois nouvelles, » celles de Paris « ont cru devoir adopter de nouveaux Statuts pour concilier l'intérêt de leur vocation religieuse avec celui de l'Ordre public...

« A la voix de Votre Majesté... tout ce qu'il y a de bon et d'utile dans les institutions anciennes renaît pour le bien de l'État mais avec un esprit nouveau... »

Et, comme conclusion de cet exposé, Portalis

propose à la signature de l'empereur le projet de décret suivant :

MINISTÈRE DES CULTES

EXTRAIT DES MINUTES DE LA SECRÉTAIRERIE D'ÉTAT

Au palais de Saint-Cloud, le 1er mai, an 1806.

Napoléon, Empereur des Français et Roi d'Italie,
Sur le rapport de Notre Ministre des Cultes,
Avons décrété et ordonné ce qui suit :

ARTICLE PREMIER.

L'Association religieuse des Dames charitables connues sous le nom de Sœurs ou Dames de la Visitation et qui a pour but d'offrir un azile hospitalier aux personnes du sexe qui veulent vivre dans la retraite, ensemble de former les jeunes Filles aux bonnes mœurs, aux vertus chrétiennes et aux devoirs de leur état est provisoirement autorisée.

ARTICLE 2.

Elle est placée par sa discipline intérieure sous la surveillance des Évêques Diocésains.

ARTICLE 3.

Les Statuts de cette Association soumis à notre approbation impériale seront vus et vérifiés en Conseil d'État, sur le rapport de notre Ministre des Cultes. Ils y seront portés dans les six mois qui suivront le présent Décret.

ARTICLE 4.

L'Association des Dames de la Visitation pourra admettre de nouvelles Associées, en se conformant aux lois de l'Empire qui prohibent les Vœux perpétuels.

ARTICLE 5.

Quand les Dames de la Visitation voudront se réunir dans une commune, elles exposeront au Préfet du Département qu'elles désirent profiter du bénéfice du présent Décret, et elles lui transmettront copie de leurs Statuts, signée individuellement de chacune d'elles, et dont l'Évêque du Diocèse certifiera la conformité avec les Statuts généraux soumis à notre approbation.

Le Préfet du Département instruira notre Ministre des Cultes de cette demande ainsi que des mesures d'exécution qu'il aura jugé devoir prendre.

ARTICLE 6.

Notre Ministre des Cultes est chargé de l'exécution du Présent Décret.

Signé : NAPOLÉON.

Par l'Empereur : Le Secrétaire d'État,

Signé : Hugues B. MARET.

Pour expédition conforme :

Le Secrétaire général attaché au Ministère,

Signé : PORTALIS.

Ainsi s'opérait la transformation, ou pour mieux dire la renaissance d'un institut sur lequel la charmante figure de ses saints fondateurs attirait toujours la sympathie. Au lendemain du décret qui venait d'être rendu sur l'initiative du monastère de Paris, on pouvait dire de cette faveur ce que dit l'Évangile du petit grain de sénevé qui, planté en bonne terre et arrosé avec soin, devient grand comme un arbre. La porte était ouverte; il n'y avait qu'à entrer.

L'expédition du décret fut adressée le 30 juillet au préfet de la Seine-Inférieure (1). Le cardinal Cambacérès, qui en avait reçu la notification le 29 et qui était bon autant que dévoué aux devoirs de sa charge, se rendit au premier monastère afin d'en porter la nouvelle aux sœurs et de leur « faire un petit discours d'encouragement et de félicitations sur cet heureux événement (2) ». La mère de Belloy ne perdit pas de temps pour saisir le préfet de sa demande, car elle paraît l'avoir introduite le jour même de la visite épiscopale. « Son Éminence, dit-elle, vient de nous communiquer le Décret Impé-

(1) Arch. dép. de la Seine-Inférieure. V. 5-36.
(2) Relation manusc. de la sœur Rosalie Joly.

rial pour le rétablissement de l'Ordre de la Visitation Sainte-Marie ; nous nous empressons de vous exprimer, Monsieur, le désir de notre Communauté de profiter de ce bienfait... »

Le préfet transmit cette demande à Portalis, et, dans l'avis qu'il était obligé d'y joindre, il s'exprimait en ces termes :

« Rouen, le 2 août 1806.

« *Le Préfet du Département de la Seine-Inférieure à Son Excellence le Ministre des Cultes.*

« Monseigneur,

(On est loin du temps où l'archevêque de Paris, recevant à la porte de Notre-Dame le chef du pouvoir exécutif, le saluait par ces mots : « Citoyen Premier Consul. »)

« Monseigneur, disait donc le préfet, j'ai reçu, avec la lettre que vous m'avez fait l'honneur de m'écrire le 30 juillet dernier, l'expédition en forme qui y était jointe du décret du 1ᵉʳ mai dernier...

« J'ai l'honneur de vous adresser en consé-

quence une copie des Statuts que Mme de Belloy vient de m'envoyer pour être soumis à l'approbation de Sa Majesté Impériale et consolider
par là l'Association religieuse des Dames de la
Visitation qu'elle a formée en suite de ce Décret dans une partie du ci-devant Couvent
de cet Ordre qu'elle a acquise dans la ville de
Rouen, rue Sainte-Geneviève près les Capucins...

«... Je n'y ai rien vu, Monseigneur, qui soit
contraire aux lois de l'Empire, et qui puisse en
empêcher l'approbation. Les Dames qui composent cette association étant déjà réunies et
leur pensionnat bien établi, je n'ai, dans l'état
actuel des choses, aucune mesure particulière à
prendre à cet égard. »

Le préfet se borne donc à écrire le 4 août, à
la mère de Belloy, « une simple lettre » qu'il termine par cette phrase encourageante : «... Au
surplus, vos Dames de Paris ayant déjà obtenu
de Sa Majesté la sanction provisoire de leurs
Statuts, et les vôtres étant les mêmes, je vous
autorise en conséquence provisoirement à les
mettre à exécution en ce qui vous concerne.

« J'ai l'honneur d'être avec un respectueux

attachement, Madame, votre très humble et très obéissant serviteur.

« *Signé :* SAVOYE-ROLLIN (1). »

Et comme la filiale communauté du second monastère, toujours fidèle à suivre son aînée, avait exprimé quelques jours plus tard un désir analogue, sa demande est transmise le 9 août au ministère des cultes, accompagnée d'un avis favorable, pour être instruite en même temps que la première et comprise dans la même décision.

Enfin le mois s'achève et la joie éclate à l'intérieur de la clôture : c'est la Vierge de Septembre qui a veillé sur la Visitation de Sainte-Marie ; « les Avettes, » chères à saint François de Sales, vont pouvoir à bon droit travailler au miel de la ruche : « ses petites Colombes répandront » en paix « leurs ramage et divines louanges (2), » car la réponse de Portalis, que nous reproduisons, est un document officiel qui clôt d'une façon définitive et pour un siècle l'ère des persécutions.

(1) Arch. dép. V. 5-36.
(2) *Fondation d'Annecy, op. cit.*

« Paris, le 3 septembre an 1806.

« *Le Ministre des Cultes, Grand Officier de la Légion d'honneur, à Monsieur le Préfet de la Seine-Inférieure.*

« J'ai reçu, Monsieur le Préfet, par votre lettre du 2 août, les Statuts des Dames de la Visitation établies dans la ville de Rouen.

« Conformément au Décret Impérial du 1ᵉʳ Mai qui permet l'Association provisoire de ces Dames, je vous invite, Monsieur le Préfet, à leur accorder la protection que l'administration supérieure doit à un Établissement spécialement consacré à la bienfaisance.

« Lorsque les Statuts de cette association auront été définitivement vérifiés en Conseil d'État, j'aurai l'honneur de vous en instruire.

« Recevez, Monsieur le Préfet, l'assurance de ma considération distinguée.

« Par Ordre :

Le Sʳᵉ Gˡ attaché au Ministère,
« *Signé :* PORTALIS. »

(1) Arch. dép. V. 5-36.

V

La destinée du monastère était désormais
fixée, et la mère de Belloy, au comble de ses
vœux, avait réussi, par son admirable persévé-
rance, à conserver à ses filles le bienfait d'une
vocation qui avait résisté à toutes les épreuves.

Il ne restait plus qu'à marquer le jour où la
communauté reprendrait le saint habit; l'archevêque de Rouen proposa la date du 21 novembre
parce qu'elle correspondait à la fête de la Présentation de Notre-Dame et fournissait une
occasion de rouvrir avec solennité le glorieux
livre des vœux.

Les religieuses se préparèrent par les retraites ordinaires à cette fête, et vraiment

c'était merveille de voir comment ces vierges fidèles se disposaient à témoigner que l'habit seul ne constitue pas le moine et que, sous leur robe séculière, elles avaient su demeurer pendant quatorze ans les épouses cachées de Jésus-Christ.

Seize professes du voile noir devaient revêtir les livrées de la Visitation, ainsi que six sœurs du voile blanc et deux novices, « remerciant le souverain Nocher qui les avait mises au port après tant d'orages (1). » L'archevêque de Rouen voulut présider lui-même la cérémonie et célébrer la messe dans la chapelle, à l'autel privilégié pour lequel la mère de Belloy venait d'obtenir une insigne faveur. Par un indult donné le 29 mars à Paris, le cardinal-légat avait accordé que pendant une durée de sept ans, et quatre jours par semaine, « quand un prêtre quelconque offrirait le Saint Sacrifice à cet autel pour l'âme de quelque fidèle que ce soit, mais unie à Dieu par la charité au moment de son passage en l'autre vie, la dite âme reçût l'indulgence du trésor de l'Église par voie de

(1) *Fondation d'Annecy, op. cit.*

suffrage, de manière qu'aidée par les mérites de Jésus-Christ, de la Bienheureuse Vierge Marie et de tous les Saints, elle soit délivrée des peines du Purgatoire... »

Tout concourait donc à relever en ce jour le prestige de la Visitation. Le cardinal Cambacérès adressa quelques paroles à l'assistance; il le fit « avec beaucoup de bonté, dit une relation de la sœur Rosalie Joly (1), et nous remplit de consolation et d'édification. Il approuva et autorisa notre désir de nous rapprocher en tout ce qu'il nous serait possible de tous nos anciens usages et règlements, ajoutant seulement à la formule de nos vœux après ces paroles : « Je vous fais vœu, ô mon Dieu, de « vivre en perpétuelle chasteté, obéissance et « pauvreté, » ces mots : « Autant que j'habiterai « dans la Congrégation, » afin de satisfaire aux volontés prononcées du gouvernement qui ne voulait pas d'engagement irrévocable. »

« Le jour de cette grande fête, nous reprîmes

(1) Rosalie-Dorothée Joly avait été baptisée le 30 décembre 1761 en l'église de Pirou (Manche). Son père était procureur-receveur du marquis de Vassy, seigneur de Pirou.

notre habit religieux. Monseigneur notre archevêque voulut bien recevoir le renouvellement de nos Vœux; après quoi il fit prendre l'habit à notre chère Sœur Tesson qui reçut le nom de Sœur Marie-Éléonore, et fit faire la sainte Profession à notre chère Sœur Françoise de Sales Thierry. »

Un dernier acte s'imposait pour asseoir la communauté sur les bases que lui avait tracées la main de saint François de Sales et que reproduisait d'ailleurs l'article 2 des statuts. On sait qu'en considération des malheurs de l'Église de France, le Souverain Pontife avait permis de proroger pour un temps indéterminé, jusqu'à des jours meilleurs, les pouvoirs des supérieurs en charge dans les monastères de l'un ou de l'autre sexe, et que la mère de Belloy devait à ces circonstances exceptionnelles la conservation d'une autorité qu'elle exerçait depuis 1787 et qui lui avait tant de fois paru si lourde.

L'archevêque, estimant que le moment était venu de procéder à l'élection d'une supérieure, en fixa le jour au temps que les règles prescrivent, c'est-à-dire au jeudi d'après l'Ascension. Le samedi qui suivit cette fête, et qui était le

9 mai, la très honorée mère de Belloy fut déposée par M. l'abbé Baston, père spirituel de la communauté; selon l'usage de l'ordre, elle fit la coulpe de ses fautes avec une humilité touchante; et comme il n'y avait pas d'assistante élue régulièrement pour tenir pendant les cinq jours de déposition la place de la supérieure, ce fut la sœur Marie-Nathalie Morel, précédemment du monastère de Dieppe, qui en remplit l'office.

« Enfin, le jeudi suivant, 14 Mai 1807, rapporte la sœur Rosalie Joly, Son Éminence vint lui-même présider à notre élection par laquelle notre très honorée mère Madeleine-Anastasie de Belloy fut remise en charge avec toutes les formalités ordinaires et au grand contentement de toute la Communauté, qui avait fait l'heureuse expérience du rare talent de cette respectable Mère pour le gouvernement. »

L'élection capitulaire fut aussitôt confirmée par l'archevêque présent. C'était un homme approchant de la cinquantaine, un peu fort pour son âge, de haute taille, avec une démarche imposante, le teint coloré, la figure large, les cheveux blanchis par le temps et par la poudre;

Simple chanoine de Montpellier quand éclata la Révolution, il devait à la seule fortune de son frère l'élévation dont il était l'objet ; mais il convient de lui rendre cette justice qu'il apporta dans la réorganisation de son diocèse un dévouement actif qui ne se démentit jamais. Un peu brusque dans ses manières, il était essentiellement bon ; il n'épargnait ni son temps ni sa peine, persuadé qu'un évêque doit se montrer souvent et se donner « tout à tous (1) » ; c'est pourquoi son administration fut plus féconde en résultats que celle de beaucoup d'autres qui le surpassaient en valeur. Ses visites fréquentes chez les visitandines du premier monastère sont une preuve convaincante de son zèle.

Le chapitre qui avait élu la mère de Belloy lui adjoignit le surlendemain pour assistante la sœur Marie-Nathalie Morel, et pour conseillères les sœurs Hélène-Joséphine Poitou, Constance-Élisabeth Delalonde et Constance-Angélique Desmares de Trébons. Une ordonnance épiscopale du 8 novembre vint aussi régler la ques-

____

(1) Lettre de ce prélat reproduite par M. Loth, *op. cit.*, p. 417.

tion des fondations faites dans la chapelle, anté-
rieurement au Concordat.

A partir de ce moment, la famille spirituelle
est reconstituée selon la règle, et la tâche de la
restauratrice paraît accomplie. Après tant
d'années douloureuses, de nouvelles sœurs arrivaient pour prendre rang parmi celles dont
nous avons déjà noté la présence. L'annaliste
de cette époque rapporte une prise d'habit le
11 décembre 1806, et le 8 janvier suivant la
profession de la sœur Victoire-Anastasie Amory.
Voici maintenant la dernière recrue de la mère
de Belloy, une simple tourière qui jusqu'à l'âge
de quatre-vingt-trois ans et neuf mois édifiera
la communauté par ses vertus modestes; dès
son enfance, dans la naïveté de son cœur, elle
s'était sentie attirée vers Dieu. « La divine
Providence lui accorda la faveur de connaître
un saint prêtre, M. l'abbé Holley (1), qui fut
touché de voir une jeune personne si courageuse et si fidèle à ses devoirs. Elle ne tarda
pas à lui découvrir son désir de la vie religieuse,

(1) L'abbé Holley, directeur du grand séminaire rétabli
en 1805 à Saint-Nicaise, a laissé dans le diocèse de Rouen
une mémoire vénérée.

et ce bon père, jugeant que cet attrait était un appel de la grâce, la présenta à la mère de Belloy qui la reçut avec joie (1). » Cette fille demeura cinquante ans au monastère. Elle se nommait Renée-Marguerite le Son. Pourquoi lui refuser sa place? La Visitation aime les humbles. La grande sœur « Anne-Jacqueline Coste était une sainte fille paysanne, choisie de Dieu pour première tourière de l'institut (2) ». Et la fondation si laborieuse du monastère de Tours ne fut-elle pas l'œuvre d'une pauvre domestique, dont nous ignorons même le nom (3)?

Parmi tant d'âmes d'élite qui entouraient la mère de Belloy, on en comptait quelques-unes qui mériteraient une place à côté des plus belles et des plus attachantes figures de l'ordre. Notre cadre ne nous permet pas d'esquisser leurs traits; mais comment ne pas saluer en passant la sœur Marie-Gabrielle le Tellier (4), nièce de

(1) *Circulaires*, t. CXVIII, L. / *d* 2. Bibl. nat.
(2) *Fondation d'Annecy, op. cit.*
(3) *Fond. inéd. de Tours.*
(4) Cette religieuse avait été admise à faire profession, bien qu'elle n'eût pas tout à fait accompli le temps prescrit par les constitutions, la veille même du jour où fut pro-

Mgr Martin de Boisville, évêque de Dijon, que ce prélat devait appeler en 1822 à l'honneur de relever dans l'ancienne capitale de la Bourgogne une des fondations les plus illustres de sainte Chantal? On savait si bien que le véritable esprit de l'institut florissait à Rouen dans sa pureté primitive, qu'une ancienne professe du premier monastère et deux sœurs du second furent aussi mandées de l'autre côté de la Manche pour y porter les éléments d'un couvent de visitandines, installé d'abord à Westburg et transféré en 1896 à Harrow-the-Hill, près de Londres.

Le public ne s'y trompait pas et la faveur dont jouissait le pensionnat s'accusait chaque jour davantage. On y élevait les jeunes personnes appartenant aux familles les plus distinguées de la ville; l'éducation qu'elles recevaient

mulgué le décret de l'Assemblée nationale qui prohibait les vœux perpétuels. M. l'abbé de Saint-Gervais, père spirituel, et la mère de Belloy avaient été d'avis de lui accorder cette licence. « La sœur le Tellier passa la nuit dans des transports de reconnaissance pour la grâce signalée qu'elle venait de recevoir;... elle ne parlait jamais de cette faveur sans attendrissement et sans admirer la bonté dont Dieu avait usé à son égard... » Arch. de la Visitation de Dijon, circ. du 26 septembre 1842.

comprenait toutes les branches de l'enseignement; on leur apprenait même les arts
d'agrément. « Je vous envoie, Mademoiselle (1),
écrit la mère de Belloy à la date du 17 septembre 1807, le petit cahier que vous avez eu la
bonté de me prêter, dont je suis très reconnaissante. J'ai eu égard à la recommandation que
vous m'avez faite pour Mlle du Moulin, qui a
un prix de harpe ».

Mais ce que la société de Rouen recherchait
pour ses filles, de préférence à des accords ou
à des talents apportés par des maîtresses étrangères, c'était le parfum des fleurs si douces qui
éclosent dans les parterres de la Visitation.
Ouvrière docile sous la main du maître, la mère
de Belloy avait su conserver à ces fleurs le même
charme; sa tâche était remplie et il semblait
qu'après avoir assuré à ses filles l'existence de
leur société, elle n'avait plus qu'à jouir des fruits
de son labeur; « mais avant de l'associer à son
triomphe, rapportent les *Annales*, Notre-Seigneur voulut encore que cette vertueuse Mère
consommât avec Lui sa vie sur la Croix. Digne

(1) Le nom de cette personne est inconnu, la lettre ne
portant pas de suscription.

Epouse de Jésus crucifié, ne méritait-elle pas de partager jusqu'à la fin le sort de son adorable Époux ? »

A ses infirmités habituelles se joignit un catarrhe qui se forma dans la tête plus de trois mois avant de se manifester. Un portrait d'elle, exécuté à cette époque par le pinceau délicat et fin de Desoria (1), nous la représente déjà trans-figurée. Son teint est diaphane : ses traits sont amaigris par la souffrance ; son regard un peu clair a quelque chose de doux et de pénétrant qui semble lire jusqu'au fond de l'âme et qui accuse la réflexion, le calme et la sagesse ; dans sa main droite, une main de cire aux doigts longs et effilés, elle serre avec amour, et comme un titre de gloire, un rouleau de papier sur lequel on peut lire distinctement ces mots : *Décret impérial du 1ᵉʳ Mai 1806 qui rétablit*

(1) Desoria (J.-B.-F.), peintre d'histoire, élève de Restout fils, obtint une médaille d'or à l'exposition de 1800, des médailles de dessin à l'Académie et le prix de peinture fondé par Latour. Il a produit un grand nombre de tableaux et de beaux portraits, quoique d'une touche un peu froide, qu'il exposa de 1801 à 1822. Le portrait de Mme de Belloy, fait en deux originaux, fut envoyé au salon de 1807. (*Dictionnaire des artistes de l'école française au dix-neuvième siècle*, par Charles GABET, 1831.)

l'Ordre de la Visitation. Toute sa physionomie respire je ne sais quel air pénétrant et austère qui captive sans effrayer : sa ressemblance avec le cardinal de Belloy est frappante.

Quand ce grand serviteur de l'Église s'étendit sur son lit de mort, près de rendre compte à Dieu de la façon dont il avait gouverné son troupeau pendant cinquante-six années d'épiscopat, on l'entendit répéter ces paroles de l'Apôtre (1) : *Jam delibor, et tempus resolutionis meæ instat; bonum certamen certavi, cursum consummavi, fidem servavi : in reliquo reposita est mihi corona justitiæ* (2). » Prête au départ et mûre pour l'éternité, sa nièce eût pu redire les mêmes paroles avec les mêmes droits. Elle avait vu s'écouler devant elle le torrent des choses humaines; certes, elle avait combattu le bon combat; à l'heure des défaillances, elle avait gardé la foi. Elle ne tenait plus à la terre que par un fil; il lui restait à attendre la couronne de justice.

---

(1) *Procès-verbal de la cérémonie des obsèques et oraison funèbre du cardinal de Belloy*, par M. l'abbé JALABERT, Paris, Adrien Leclere, 1808.

(2) 2ᵉ TIM., ch. IV, v. 6, 7, 8.

Le 9 décembre, la mère de Belloy se confessa le matin et communia. Sur les cinq heures du soir, le confesseur de la maison réunit les religieuses en conférence : elle se rendit à la chapelle et se trouva tout à coup fort mal; elle se croyait à son dernier moment. Et comme on s'empressait à ses côtés afin de la retirer de ce lieu, elle supplia qu'on voulût bien la laisser en sa place, protestant « qu'elle aimait mieux mourir devant le Saint-Sacrement que d'être seule à cette heure suprême (1) ».

Les deux jours suivants, elle parut se remettre; jamais son activité n'avait été plus grande; elle prenait part à tous les exercices de la communauté, mais le samedi 12, à deux heures du matin, le frisson de la fièvre la saisit. Quoiqu'elle fût déjà terrassée par le mal, sachant que c'était son rang, elle voulut s'habiller à l'heure ordinaire pour recevoir la communion. « En vain tenta-t-elle à diverses reprises de

(1) Ces détails et les suivants sont empruntés à des *Annales du monastère* rédigées sur des notes de la sœur Rosalie Joly ou d'après le témoignage des contemporaines de la mère de Belloy.

tenir le Chapitre : elle était désormais la victime clouée sur la Croix. »

La communauté jugea nécessaire d'avertir son neveu, l'enfant devenu maintenant un jeune homme, dont elle disait encore dans sa dernière lettre : « Et notre Antoni, que devient-il? Sans doute un bon et grand garçon. J'aime à entendre parler de lui. »

C'est la sœur Rosalie Joly qui est chargée de lui mander ces fâcheuses nouvelles. Elle dit la mère de Belloy « attaquée d'une fluxion de poitrine bilieuse », terme qui ferait peut-être sourire la médecine moderne. « Nous sommes au sixième jour, continue-t-elle, qui s'annonce fort mal; il est à craindre que sa complexion délicate n'ait pas les forces suffisantes pour supporter la violence du mal. On a usé de tous les remèdes possibles. Sa tête n'a point été à elle pour ainsi dire jusqu'ici... C'est auprès de son lit que je vous écris, ne l'ayant quittée ni jour ni nuit depuis qu'elle est prise. »

La fièvre augmenta considérablement et avec elle le délire auquel succédait un assoupissement profond. Et comme on voulait du moins lui donner l'Extrême-Onction dans la crainte qu'elle ne mourût subitement : « Je n'en suis pas là, » furent les seules paroles qu'on put obtenir d'elle.

« Pas encore, pas encore, avait dit sainte Chantal sur le lit du trépas; je suis assez forte pour attendre (1). » De même, le matin de sa mort, Mlle Legras, toujours détachée d'elle-même, obligeait ses filles épuisées à prendre quelque repos, promettant de les mander quand le moment serait venu; puis, sur les onze heures, faisait écarter ses rideaux pour les avertir, comme elle l'avait dit, que son heure était proche (2).

Le confesseur de la maison, voyant le danger pressant, mais ne parvenant pas à se faire comprendre, eut alors une inspiration aussi heureuse que soudaine. Il s'approcha du lit de la malade, enveloppée dans ce demi-sommeil qui précède la rigidité de la mort, et, se penchant vers elle, il lui dit : « Ma Mère, je ne veux pas forcer votre volonté ; je vais apporter le Saint-Sacrement, et alors vous me direz ce que votre charité veut que je fasse. »

(1) *Hist. de sainte Chantal*, par M. l'abbé BOUGAUD, chap. XXXIV.

(2) *Hist. de Mlle Legras,* ch. XVI.

« Quelques instants après, M. notre confesseur plaçait devant le lit de la malade le Viatique du Salut. S'approchant de la vénérable mourant, il lui demanda de déclarer ses désirs. La présence du Dieu que son âme avait uniquement aimé lui rendit toute sa connaissance. Puis se recueillant, dans un suprême effort, elle articula humblement ces paroles : « Mon « Père, je pense que tout ce que vous pensez « vaut infiniment mieux que tout ce que je « pourrais vouloir et penser moi-même. » Notre-Seigneur se donna alors une dernière fois à son épouse et la fortifia par l'Extrême-Onction dans les derniers combats... (1). »

Les sœurs qui la veillaient rapportèrent qu'au milieu d'un saint délire, elle murmurait les mots de : *Marie! Exactitude! Fidélité à l'Observance!* Ainsi, « de fois à autre, après avoir un peu sommeillé, on entendait la Mère de Chantal dire plusieurs paroles fort dévotes et remarquables entre lesquelles on ouyt cecy : « Qu'est-ce qu'une religieuse sans l'Observance de ses Règles (2)? »

(1) *Annales du monastère, ut suprà.*

(2) *La Vie de la vénérable mère J.-F. Frémiot*, par M. DE MAUPAS DU TOUR, 1644, in-4°, p. 374.

Trois quarts d'heure avant de mourir, la mère de Belloy, étant entrée en agonie, reçut de nouveau l'absolution et l'indulgence plénière *in articulo mortis*.

Le samedi 19 décembre 1807 fut le jour de sa délivrance : il était onze heures du matin quand une paix céleste se répandit sur son visage.

Sa vie de souffrance et de labeur avait été, pour ainsi dire, un apprentissage de la mort : *Vivit post mortem, qui mortuus ante mortem* (1).

Un dernier mot et nous fermerons ce livre.

La Visitation n'était pas encore parvenue au terme de ses migrations.

Le 9 mars 1812, la communauté du premier monastère quitta les lieux où nous avons vu mourir la mère de Belloy pour se transporter dans l'ancien couvent des Gravelines ou Clarisses anglaises.

(1) Épitaphe de Jean de Quintanadoine, un des plus saints personnages du dix-septième siècle, dans la chapelle des Carmélites de Rouen. — *Hist. de la ville de Rouen*, Hérault, 1668, III° partie, p. 411.

C'est dans cette clôture brisée par la Révolution qu'elle fait revivre aujourd'hui l'esprit intérieur de la Visitation.

Par un testament olographe en date du 28 avril 1807, la mère de Belloy avait légué à deux religieuses de la maison « ses effets mobiliers et notamment ce qui devait lui revenir de Mme Amelot, sa grand'tante (1) » ; disposition plus généreuse d'intention qu'efficace dans ses résultats.

Il était réservé à la mère Constance-Angélique Desmares de Trébons (2) de faire entrer la communauté qu'elle gouvernait dans la Terre promise en achetant l'ancien couvent des Gravelines avec les deniers provenant de l'héritage de Mme la comtesse de Trébons, sa mère.

Ces murs, sanctifiés par les austérités d'un autre ordre, avaient aussi leur histoire, nous dirions volontiers leur légende.

(1) Suzanne de Belloy, veuve sans enfants de Michel-Marie-Noël Amelot, chevalier, comte de Varaize, maître des requêtes de l'hôtel du roi et conseiller de grand'-chambre au parlement de Paris.

(2) Elle était fille de François-Théodore Desmares, chevalier, comte de Trébons, et de Marie-Madeleine d'Hervieu.

Le 25 décembre 1800, aucune église de Rouen n'avait encore été rouverte au culte; le siècle allait finir. Dans cette nuit où l'humanité fête la naissance du Sauveur du monde, un prêtre vint à la chapelle des Gravelines : elle était déserte; à la prière d'un grand nombre de fidèles, il y célébra solennellement la messe.

Un jeune homme qui servait de thuriféraire (1) s'étant avisé de sortir dans la rue vêtu de son aube, pour prendre dans une maison voisine le feu destiné à l'encensoir, les rares promeneurs qui se trouvaient dehors à cette heure crurent d'abord à une mystification ; mais le bruit se répandit bientôt qu'une messe de minuit se disait aux Gravelines et de nouveaux fidèles vinrent comme les bergers se prosterner aux pieds du Dieu naissant.

Ce fut à Rouen le premier réveil du culte catholique.

Le second monastère de la Visitation, par l'exode du premier, reprit possession des bâti-

(1) C'était l'abbé Anger qui avait alors seize ans et qui fut dans la suite proviseur du collège de Versailles, curé de Compiègne et chanoine honoraire de Beauvais et Bayeux. (Notes de M. l'abbé Langlois.)

ments qui constituaient son berceau. Il les acquit définitivement en 1818, et, six ans plus tard, il en releva la chapelle à la même place que l'ancienne.

Destinée touchante que celle de ces deux monastères! Le second sorti du premier en 1642 (1), son émule et son égal dans l'observance des saintes constitutions, fusionne avec lui dans la captivité; il renaît à la même heure; il prend sa place dans la maison de la rue Bourg-l'Abbé; autorisé par le même décret, il lui succède une seconde fois rue Saint-Patrice; et quand il retrouve, après vingt ans d'exil, le sol foulé par ses premières mères, c'est encore la même main qui lui a rendu ses cloîtres et les visions enivrantes du passé!

Août 1905.

(1) *Hist. de Rouen, ut suprà*, p. 448.

INDEX ALPHABÉTIQUE

DES NOMS DE PERSONNES CITÉS DANS CE VOLUME

ERRATA

Page 70. — L'impression de cet ouvrage étant déjà terminée, des renseignements précieux nous sont parvenus sur la sœur M. F. Satis, auteur d'une déclaration si remarquable le 2 septembre 1790. Nous les devons à une obligeante communication de M. Josse, généalogiste, 12, rue Thiers, à Rouen, qui possède des répertoires admirablement organisés.

Euphémie-Marie-Félicité Satis de la Garenne était fille de Jean-Nicolas-Louis et de dame Jeanne Maufillâtre. Baptisée le 14 novembre 1744 en l'église Notre-Dame de la Roude, à Rouen, elle eut pour parrain M⁰ Pierre-Charles Satis de la Garenne, prêtre, docteur de Sorbonne, et pour marraine dame Marie-Madeleine Maufillâtre, épouse de M. Jean Millard, marchands à Nonancourt.

L'Etat civil de Rouen enregistre, le 28 ventôse an XII, le décès survenu, le 21, à l'hospice général de cette ville, d'Euphémie-Félicité Satis, ex-religieuse du ci-devant couvent de Sainte-Marie, demeurant cul-de-sac du Haut-Mariage, fille des susnommés.

Page 152. — Une particularité nous avait échappé relativement à la Sœur M.-A.-A. Bellanger : elle était à la fois cousine germaine et marraine du maire terroriste Pillon, qui la faisait arrêter le 30 mars 1794, sans égard pour ce double lien et sans paraître se souvenir davantage que la religieuse était la filleule de son père. Voici le tableau généalogique de leur famille.

CLÉMENT PILON, époux de MARIE GILLES.

Jean Pilon (*sic*) marié le 25 mars 1761 à St-Vincent de Rouen avec Marie-Anne Darré, signe Pillon.	Marie-Anne Pilon (*sic*), épouse d'Adrien Bellanger.
Jean-Pierre-Barthélemy Pillon, maire.	Marie-Anne-Christine Bellanger, religieuse.

TABLE DES MATIÈRES

DEUXIÈME PARTIE

PARIS

TYPOGRAPHIE PLON-NOURRIT ET Cie

8, rue Garancière